中国家庭影像志

【200余幅老照片+25篇口述纪实】

显影中国家庭的沉浮往事

郭婷婷 石清泓 编著

五洲传播出版社
China Intercontinental Press

图书在版编目（CIP）数据

中国家庭影像志 / 郭婷婷，石清泓编著 . -- 北京 : 五洲传播出版社 , 2025. 5. -- ISBN 978-7-5085-5370-2

Ⅰ . D669.1-64

中国国家版本馆 CIP 数据核字第 2025HR6676 号

中国家庭影像志

编　　著　郭婷婷 石清泓
出 版 人　关　宏
责任编辑　李佼佼
装帧设计　红方众文　张芳芳　朱丽娜
出版发行　五洲传播出版社
地　　址　北京市海淀区北三环中路 31 号生产力大楼 B 座 6 层
邮　　编　100088
发行电话　010-82005927，010-82007837
网　　址　http://www.cicc.org.cn，http://www.thatsbooks.com
印　　刷　北京利丰雅高长城印刷有限公司
版　　次　2025 年 7 月第 1 版第 1 次印刷
开　　本　889mm × 1194mm　1/16
印　　张　13
字　　数　180 千
定　　价　168.00 元

目录

序一

25 个中国家庭记忆

生活的感知是复杂的，摄影的呈现和表达是多元的。但我相信，我们对摄影最初的认识都是从与家人的合影和肖像照开始的，这是摄影原始的意义。用我们手中的相机，以最朴素的方式，为自己的情感做一些记录，是一件很有意思的事情。

当我翻开手中这本《中国家庭影像志》，我惊诧于如此大面积、多维度、力透纸背的家族历史故事，图文并茂地展现眼前。大江南北，有这么多摄影人跟我一样，愿意用相机记录身边的日常，留下自己的心路历程和对亲人最诚挚的爱，也为社会历史研究留下一些线索和记忆。

优秀的纪实图片是有灵魂的。《中国家庭影像志》收集和拍摄的文献图片，历史跨度有的长达百年。几十年前，拍照是件很有仪式感的大事。图片所提供的都是最能表达当时情境的信息，每张照片背后都是一个扣人心弦的故事。这些，是纪实，更是历史。

读 25 个家庭记忆的故事，令我触景生情，好像在故事中看到了自己。我从小生活在上海的一个下只角（平民生活区域），人来人往，熙熙攘攘，温情而拮据的生活贯穿了我的童年，也让我养成了性格中最重要的底色——平民视角。我的拍摄方向，很多来自家庭这个情感源头。

我的父亲是浙江上虞人。1949 年，父亲为了逃避抓壮丁，带着家人逃到上海谋生。刚开始，父亲帮人拉两轮塔车搞运输，新中国成立后被收编到国有工厂，成为一名车工，后来父亲因技术革新还上过报纸，经常被评为先进工作者。小时候，我们家居住的狭小的亭子间里，父亲的大摞奖状，多得无处安放。

1966年，我8岁，父亲为响应毛主席“备战、备荒、为人民”的号召，前往安徽泾县683基地支援“三线建设”十年有余。父亲任劳任怨一辈子，60岁退休那天，挤公交车没挤上，跌了一跤，脑袋撞在马路牙子上，从此一边瘫。退休的好日子一天没享受过，没几年父亲就走了，这份痛，一直扎在我的心里。与父亲情感上的断联，我无力挽回。为了纪念父亲，我决定做黄浦江两岸，包括上海老工业题材的拍摄。

2000年到2006年，我在空中飞了100多小时，一家一家找，跑遍黄浦江两岸的2000多家钢铁厂、造船厂、修船厂、码头。通过查找资料，弄清楚这些工厂什么时候开始建的，什么时候倒的，什么时候改变的，百万产业工人下岗如何悄悄淹没在人海之中。临走前，从工人们的眼神里，我仿佛看到了父亲。如果我的照片能还给他们尊严，能替他们倾诉时代的声音，能把那个时代曾经的表情记录下来，让后人向他们致敬，我想作为摄影人我的工作算是完成了，可以告慰父亲在天之灵了。

因此，我特别理解本书的策划人郭婷婷女士，以及25位摄影师的心情和创作动机，从情感、历史研究、摄影师的本职来说，撰写和制作此书都是很有意义的，感谢他们的坚持和努力，给读者呈现如此复杂漫长而又短暂的人类瞬间。

陈海汶
上海市艺术摄影协会主席

序二

父母之爱 犹如一盏温柔的灯

我是一名职业棋手，棋盘前拼死一搏，棋局结束，筋疲力尽，经常累到不想接受采访，不想参加晚宴，只想赶快回家——躺在温暖的沙发里发呆放空，看家人在身边走来走去，可能那一刻，就是家对我最重要的意义。

棋盘博弈，高手之争，往往就是毫厘之间，容不得半点分心和走神。离开棋盘，职业棋手对于家庭的依恋，尤为显现。父母之爱，亲人之爱，带给人的温暖情绪和心理慰藉，亘古不变，四海皆存。作为棋盘上孤独战斗的职业棋手，对这种体会更加深刻。

翻看《中国家庭影像志》，一个一个鲜活的家庭跃然纸上。摄影师看这本书，可能觉得是一本图文摄影集；历史学家看这本书，也许认为是一本口述史；而我，作为普通读者，看到的是各个家庭经年累月的各种情感，如一粒粒洁白无瑕的珍珠，穿在一起。我更相信，这是一本情感历史图文故事书，给所有家庭成员远行的力量。

父母的爱，就是一盏温柔的灯，一直在我心里照亮……我想，它也照亮着许许多多中国人的心……

25个完全不同的家庭，情感却如此相似，父母对孩子的给予和关爱，孩子对父母的眷念和依赖，在这本书中被描绘得丝丝入扣，令人动容。

看到这本书，我不禁想起，第一次见到本书的策划人郭婷婷，是在中国棋院的大楼里，她背着大书包，拿着采访本，让我写下电话号码和名字，说在电视上见过我。她说，我是她从事围棋报道认识的第一位职业棋手，也是第一个给她留电话号码的职业棋手，这令我很荣幸。

与郭婷婷相识 20 多年，她的精神和斗志，从来没有变过。听说她组织来自五湖四海的摄影师们，并亲自操刀，带着大家做一本叫《中国家庭影像志》的书。三年过去，她付出心血的这本书，真的做出来了。

《中国家庭影像志》带给我这么多远在天边却又似曾相识的迷人故事，相信翻阅此书的读者，开卷受益，翩翩自乐，每一个人在这本书中，都能找到曾经的自己。

曹大元

围棋职业九段

第一章

史忆百年 沧海一瞬

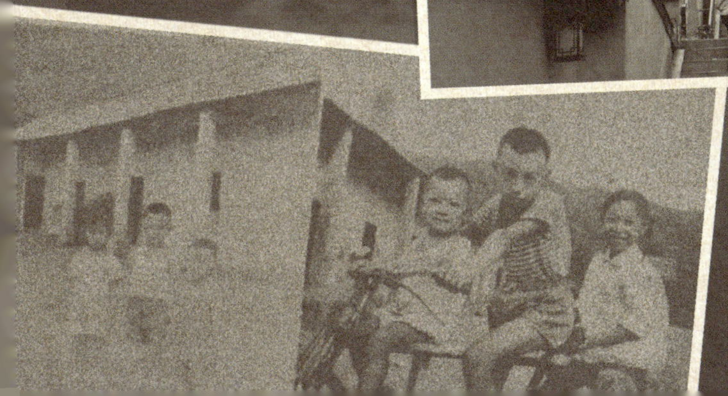

父亲母亲新婚后的合影，拍摄于20世纪80年代。背景是当时流行的一种淡蓝色墙壁，叫做墙裙。

~ OI ~

上海滩小家庭百年变迁

文并图 / 马文贤

我家里珍藏了一批老照片，一直安安静静地待在几个盒子里。随着年岁的增长，我开始对这批老照片感兴趣，心中升起紧迫感，想要知道自己究竟是从哪里生根，又是在哪里生长的。这些家族影像几乎贯穿了整个20世纪，从19世纪清末民初伊始，到20世纪三四十年代的抗日战争、60年代的上山下乡，再到80年代的改革开放，以及90年代国有体制改革，最后停留在2000年的城市大拆迁。很多国家大事，都可以从这些老照片中找到一些影子。

从我的小家庭这一微观世界，也许可以一窥中国20世纪的社会巨变以及不同时期的些许人文风貌。

清末民初的历史凝眸

整个家庭故事，从一张阿爷的父亲（外公的爷爷）的照片开始——照片拍摄于19世纪末的上海南京路，照片中还留着长辫子的人正是阿爷的父亲，他是宁波镇海人。拍摄时间大概在1878年到1911年之间。当时正是民族资本家兴起的时代，阿爷的父亲在一家民族企业工作，老板对他非常和善，报酬也还算丰厚。拍这么张照片，当时应该不便宜！

当时和中国早期摄影家赖阿芳合作开办照相馆的英籍摄影师格里佛士，在给伦敦摄影新闻的一篇通讯中就描述过：在中国拍摄人像，“一定要正面对准拍摄，两耳要看得到，面部左右两边要成同样比例，双脚要安排成一样长短，比例对中国人来说是无足轻重的。双手也最好安排到每一根手指都清晰入相……他们要有花，桌上要放一小花瓶”。

阿爷的父亲的照片（正面和背面）

被撕毁的平静

外公大学毕业后在南京从事汽车配件公司的会计工作，用现在的话说，就是汽车行业公司的财务部门。

1950年12月7日，外公张惠南与外婆李美云结婚了。七十年前的新婚男女，男生要梳奶油头，女生要烫波浪头，这是属于那个时代的时尚。当

左图：年轻时候的阿爷张春华（我外公的父亲），拍摄于上海，从发型和衣着来看，时间上可能刚经过了辛亥革命。
右图：太奶奶楼爱玲的照片（外公的母亲），拍摄于汉口荣芳照相馆

外公外婆被撕毁的结婚照

时外公家里条件相当不错。家中有套房子在“文革”期间被征收，改成了一所幼儿园。那时，我外公被打成了“右派”，伤心欲绝的外婆，亲手撕掉了她和外公的结婚照。

外婆是个很时髦的女性，长年烫着头发。晚年的她痴迷足球，最喜欢皇家马德里，经常大半夜起来熬夜看球赛。在我印象中，外婆是个非常勤劳能干的人，家中落不得半点灰尘。我父亲给外婆起了个“卫生专家”的称呼。

外婆在家留影，摄于 2000 年。外婆家的窗帘和白桌布，充满了我童年的记忆。

白色恐怖时期的掩护

奶奶王新媛出生于 1926 年，大约 20 世纪 30 年代随家人从无锡来到上海。她天生卷发，高个子，高鼻梁、大眼睛、瓜子脸，白皮肤，像极了那个时代的电影明星。

我的父亲马持平，出生于 1948 年，也就是新中国成立前的一年。父亲的生父是国民党，在父亲七个月大的时候在外白渡桥被炸死。尚在襁褓中的父亲，对生父没有任何记忆。由于当时特殊的历史背景，他无法与马姓家族联系，家里连一张生父的照片都没有留下。尽管父亲年轻时多次试图寻找生父的家族，但一直杳无音信。

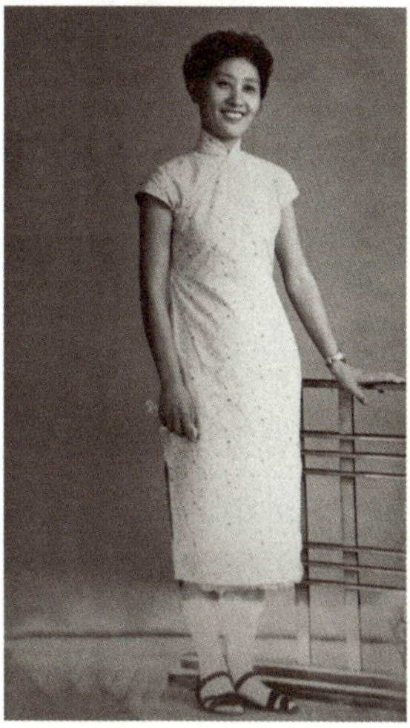

照片里的奶奶，身穿浅色旗袍与白色长袜，手戴着金属腕表，彰显了 20 世纪 50 年代上海摩登女性的样子。

奶奶早年在白色恐怖时期掩护过地下党。那是一个夜晚，突然有两位不认识的同志，直接来敲门借宿我奶奶家，并且保证第二天一早就离开，不会过多打扰。那个时代的人，一听这番话，就

左图：父亲幼年时候的照片，看得出性格很倔强。
右图：20世纪60年代，奶奶与年少的父亲合影。母子俩拍照的地方，恰好就是我写下此文时坐着的位置。

能猜出个八九不离十，但我奶奶没有丝毫犹豫，让这两位同志借宿了一宿。借宿者天没亮就走了。第二天白天，有人上门来找人，奶奶笃定地告诉对方，没有人来过。

新中国成立后，被掩护的地下党成员感激奶奶曾经帮助了他们，于是给她安排在上海印钞厂工作，待遇不错，奶奶一直工作到退休。

中国早期“个体户”

父亲年轻时很帅，据说当时很多女青年都在暗中议论他，给他起了个外号——“格里高利·派克”。父亲就读于上海逸夫小学和育才初中，前者由爱国人士邵逸夫建立，如今我儿子每天去上学的路上都会路过这所学校，它似乎是时间的见证者。

“文革”结束后，国家鼓励年轻人回炉考大学。当时摆在父亲面前有两个选择：一是工作单位分房，可以结婚生子；一是回炉学习，重新考大学。最后父亲选择了前者。经人介绍，父亲与我母亲张建敏结婚。

20 世纪 90 年代，第一批国有体制改革开始。在时代的浪潮下，父母开始下海经商、炒股。在那个时候，主流观点是在单位里工作最体面，但父母勇敢地为自己的人生做出了选择，成为中国第一批“个体户”。在那个年代，放弃稳定工作下海，要承受异样的眼光，需要很大勇气。

父母在外面销售小商品，我则在家帮他们修补部分受损的商品，我的动手能力就是这个时候锻炼出来的。个体户的工作很辛苦，心理压力也很大，虽然最终父母也没赚到多少钱，但他们随时代浪潮勇往直前的精神，对我影响很大。父母告诉我，未知世界没有那么恐怖，人生的道路无所谓好与坏，只是不同的选择而已。

爸爸是急性子，但是数学非常好，我小时候的数学都是爸爸辅导的。初三准备迎接中考的期间，我俩每天晚上一起做数学题，成为我难以忘怀的宝贵时光。小时候，每逢暑假，父亲都会带我去文庙、城隍庙玩，那里有好多上海的著名小吃，如单档、双档（面筋百叶包汤），也有很多地摊售卖玩具。我们最初骑自行车去，后来买了一辆上海飞人牌助动车。我坐在前面，迎着风，爸爸蹬着车，一路前往最喜欢的地方。我们俩最爱

青年时期的父亲

20 世纪 80 年代初，就读于上海市第二毛巾厂附属技术学校的母亲，有几分《你好李焕英》电影剧照的味道。

左图：约 2000 年，我和母亲在上海石库门弄堂的老房子前，那时我大概二年级。
中图：上锁的水龙头
右图：矮柴门

做的事情就是背着妈妈偷偷出去买玩具，那时候我的玩具特别多，可以说是小朋友中数一数二的。有些玩具被我爸妈保留了下来，我儿子出生后还在玩。

妈妈属猴，性格好动。据说她从小就会拿大顶，就是用手撑地侧滚翻，我却一直学不会。我小时候，妈妈不太会做饭。有一次她想给我们爷儿俩一个惊喜，烧了一顿糖醋排骨，那口味我至今难忘——太难吃啦。我和父亲如实反馈这个菜实在难以下咽，我妈却理直气壮地说：“我小时候就像大小姐一样被养着的，能给你们爷俩弄点儿吃的就不错啦！”神奇的是，当有了孙子，妈妈开始研究厨艺，并且做得越来越地道，真是士别三日当刮目相看。可能因为妈妈一刻也闲不住，退休后不是忙家务，就是带孙子，一旦在家闲着，就浑身不舒服，只要每天忙里忙外，反而精神特别好。

早年时候，父亲是个大烟枪，那时候他喜欢抽大前门。父亲多次试图戒烟，每次都说戒了，可总是被我妈抓住复吸。原来父亲偷偷把烟藏在鞋底里，以为大家发现不了。直到有一天，他突然昏倒在厕所，妈妈赶紧打了 120，送他到医院。医生查出来是带状疱疹病毒，而且发作部位在鼻腔深处，非常接近大脑。根据当时大夫的说法，若晚到 20 分钟，就可能有性命危险。医生很明确地说：要命还是要烟，自己想清楚。于是，父亲奇迹般地戒掉了抽了几十年的烟，从此再没反复过。

2000 年左右，上海城市进行大建设，我们也成了动迁大军中的一员，老房子拆除了，只在记忆和相簿里留下一点点它曾存在过的痕迹。住在弄堂里的

时候，水龙头上经常被人套一个马口铁和锁，这是为了防止别人擅自用自己家的龙头。在当时拥挤的生存环境里，蹭公家、蹭别人家的资源，是一种不成文的“当家才能”，会偷电、偷改电表的人，竟然成为一种“人才”。

当时弄堂里还有一种类似美国西部片里酒吧的小门，如今估计很少有人能叫出这种门的名字了。我们把它叫作“矮柴门”，当时弄堂里的底楼住户在木门之外又安装了一个小门，这种小门比较矮，有的下面不着地，有一些镂空的设计，用来透气通风，也能起到一定遮挡作用。做饭炒菜的时候，人们就将大门打开，拉起这道矮柴门。小时候每当放学回家，家家户户拉起矮柴门，空气里是百家饭的香味。当然，夏天晚上纳凉时，大家也会开着大门，留着矮柴门。不过，渐渐地，这类门在老百姓的生活中逐渐消失了。动迁之后，我就开始了住校生涯，一毕业就自己搬出去住了，和父母团聚的时间越来越少。如今的我已经临近四十，是儿子，是丈夫，也是父亲。当我梳理我这个普通家庭的小历史的时候，往日时光历历在目，而照片就是媒介。

每一代人都像一颗颗尘埃，扬起来，最终又落下去，但是历史的前进是不可倒退的，最终通过这些普通人的点滴，慢慢汇聚出我们国家过去百年所经历的巨变，这些巨变影响着每一个人、每一代人。

我的父亲母亲。1970 年 12 月，
摄于刁高铺照相馆

~ 02 ~

文并图 / 刁月珍

棣华围的百年沧桑

在广东兴宁当地，流传着这样一句话：“看不尽黄花庙的竹，吃不尽罗永兴的谷，住不尽刁萃丰的屋。”“刁萃丰”也叫“棣华围”，是一座典型的客家围龙屋，至今已有一百多年的历史。

2009 年 8 月，棣华围被兴宁市政府评为“十大古民居”；2009 年 12 月被兴宁市人民政府授予第四批兴宁市文物保护单位；2012 年 3 月被广东省政府评为广东省文物保护单位。

我在这里出生，直到 19 岁时才离开熟悉的棣华围，只身一人来到新疆，求学、结婚生子、工作。游客看见今天的棣华围，可能会惊讶于它的建筑艺术，而我看见它，却如同看见久违的亲人一般，尘封的往事像一部老电影，一幕一幕在眼前播放。

儿时的棣华围

棣华围坐西南向东北，围屋的主体建筑沿中轴线构建，由禾坪、月池、横屋、堂屋、围屋、花头脑等客家传统建筑元素构成，为三堂四横一枕杠一围四角楼的围龙屋。半月形的两层建筑与一枕杠合称为“一围”，亦称“花头脑”。棣华围的花头脑面积很大，在客家花头脑中，属于佼佼者。

儿时的夏天，晚上房间里闷热，蚊子叮咬，无法入睡。我约上几个玩伴，带上凉席到花头脑。凉席在地上一铺，人往凉席上一躺，真是“天当被，地当床，山当枕头月当灯，数着星星看月亮”。

花头脑种着大柏树和大王爷树，晚风微微地吹，柏树散发出一股股清香，带有一丝丝的苦味。也许就是这种苦味驱散了蚊子，花头脑没有蚊子叮咬，我们一觉可以睡到天亮。

航拍棣华围，2023 年 5 月。棣华围背靠周兴寨山脚下，我的爷爷奶奶、父亲母亲都长眠在这座山中。

左图：花头脑，客家传统家宅最重要的区域，承载天地之气，象征风水安稳。
右图：三堂中的下堂及中堂

半月形的水塘，称为月池或泮池，可作蓄水、灌溉、消防、排水之用。大门前有一长方形的禾坪，用来晾晒谷物和其他农作物，逢年过节以及红白喜事时可作为活动空间。禾坪两侧是左右斗门。右斗门为族人出入的大门，左斗门有一口观音井，作为族人的饮用水来源。中间建筑的主体部分为三堂四横，左边的一横已倒塌多年。四横中间为三堂一枕杠。三堂即中轴线上的三进厅堂，是围龙屋的主体。下堂为门厅大门，是围龙屋的主入口；中堂为大厅，面积较大，是家族议事与举办婚丧等活动的场地。枕杠即骑楼，分上下两层，楼上楼下共274间房。楼上走廊配有青瓷瓶栏杆，楼下骑楼用圆柱形石柱做支撑，中西合璧。

我们家住一楼，有六间房子，房间较为分散，有三间靠右上花厅右侧。老人去世都要在上花厅停尸两三天，房间内经常回荡着守灵人的哭声。有时我夜里做噩梦，梦到小时候听到的哭声，还会吓得浑身冒汗，至今回老家，我一个人都不敢进那三间房。

生活在围屋内，不怕日晒，不怕雨淋，围屋内四通八达，孩子们经常在上中下花厅、上中下走廊、禾坪、花头脑等地方玩耍。

棣华围的赏灯活动，是族人最为向往的活动之一，也是棣华围游子们的心灵所依。每年的“赏灯节”，远离家乡四处打拼的客家儿女都想方设法回家。

上图：2018 年 2 月，族人在中厅、上厅摆酒席。
下图：2014 年 10 月 2 日，棣华围迎来 100 周年大庆，族人在禾坪合影留念。

赏灯一般从农历正月十三开始，直到二月十三左右才结束。“赏灯大过年”，在客家人心中，元宵节赏灯比过大年还要重要。

集体赏灯的日子，从早上九点到下午五点左右，禾坪里锣鼓喧天，喜气洋洋。舞龙舞狮的，来了一拨又一拨。中午客人们移步到花厅吃席，上中下堂摆满酒席，推杯换盏，欢声笑语，好不热闹。

赏灯那天，新丁家庭会买许多烟花爆竹。等到天黑以后，整个家族的人

萃丰商号的牌匾悬挂于下厅上方

会齐齐来到围龙屋燃放鞭炮和烟花进行庆贺。这时整个棣华围上空炮声隆隆，烟花璀璨，热闹非凡。

创建棣华围

清末民初，我的曾祖父带着六个儿子一起做生意，主要经营布匹、染料、洋纱、雨伞等，生意做得很大，商品销往香港、广州、佛山、顺德等地，因此家中颇有积蓄。

1908 年，老大刁舜渔坐船外出做生意，在梅江河畔，与一位同船的梅县读书人很投缘，便请先生起个店名字号。这位读书人思索片刻，说："就叫'萃丰'吧！萃，是汇聚、人才出众之意；丰，是大、多、盛之意；萃字和丰字都是笔笔出头，你们兄弟几个做生意，保证个个兴旺发达。"从此，"萃丰”便成为刁氏六兄弟在兴宁县城做生意的店名商号。六兄弟在兴宁县做生意，诚实守信，礼貌待客，生意越做越旺。因为“萃丰”商号在当地颇有名气，人们就把刁氏兄弟的姓氏和商号连在一起，称“棣华围”为“刁萃丰”。

由于人口增多，住房紧张，建房成为刻不容缓之事。曾祖父在刁坊周兴村周兴寨山脚下买下十六七亩水田，刁氏兄弟六人出资，于民国三年（1914年）春开始动工。历时8载，耗资18万两白银，棣华围终于1922年建成，当时一两白银可买300多斤大米。

老六刁選皋是我的祖父，棣华围创建人之一，1879年出生，1952年逝世。创建围屋时，祖父大概38岁。兄弟六人团结一心，族人们群策群力，建成了宏伟的棣华围。作为棣华围的创建人，六兄弟的照片如今悬挂在棣华围中堂左面墙的中央位置，为后代敬仰。

忘不了的父母恩

祖父娶了两房太太，共有十三个子女，唯有父亲刁锡鋆继承了祖业，继续做洋纱、布匹、染料等生意。

父亲刚继承祖业时生意兴隆，后来生意越来越淡。父亲是个实在人，做生意规规矩矩，热心帮助亲朋好友。1949年5月，兴宁和平解放，父亲与董佛湘、劳佛头、许春标四人开创了四和记

上图：祖父刁選皋，拍摄于1939年。
中图：大太太李运招，拍摄于1964年的棣华围禾坪。
下图：二太太吴玉英，拍摄于1972年。

店铺，做汽车配件生意，生活还过得去。

新中国成立后，四和记店铺公私合营了，父亲被安排到兴宁新陂供销社工作。因工作认真，父亲成为供销社的负责人，直到退休。1974 年 6 月，父亲因突发脑出血医治无效驾鹤西去，享年 63 岁。

父亲常年在县城工作，只在周末回家。母亲在乡下带孩子、耕田，操持着整个家。因父亲在家族里排行老四，人们便称母亲为四嫂。我们是个大家族，爷爷生育了十三个子女，我有三个伯伯、四个叔叔、五个姑姑，母亲与妯娌之间从不斤斤计较、和睦相处，在大家族中，这是非常难得的。

母亲虽然没有文化，但她明事理，在我们子女心中，她值得敬仰，是最好的母亲。母亲从小就教育我们，先学做人、后学做事。她忠厚善良，邻里有事，她总会出手相助。三年困难时期，邻居家的嫂子刚生完小孩，肚子吃不饱，既要下地干活，又要母乳喂养，饿得直流泪。母亲知道后，晚上总会偷偷送东西给她吃。棣华围 100 周年大庆时，这位嫂子还表达了她对母亲的感激之情。母亲受到远亲近邻的尊敬与爱戴，去世时她的送葬队伍很长，从街头到街尾。

我的父母亲辛辛苦苦，养育了三男四女七个孩子。我们兄弟姐妹七个，我最小（排行老七），与大哥年龄相差十七岁。在我六七岁时，大哥大姐二哥二姐三姐都或外出工作或嫁人了。

1973 年 7 月，大哥来电报，叫我 8 月到新疆达坂城当知青。当时，父亲说什么都不同意，我执意要去新疆追求我的梦想与幸福。8 月 23 日出发去新疆的那天早上，父亲送我出围龙屋右斗门，拉着我的手说：“阿妹仔你不要去新疆，留在父母身边，爸给你买台缝纫机，学做裁缝赚钱。”父亲眼里含着泪花。但我还是狠心离开了。到新疆还不满一年，父亲便去世了。父亲逝世，我没能回去看望他最后一面，这是我一生的痛。父亲去世后，母亲一直和三哥一家人生活，直到终老。

1979 年 7 月，离开家乡的第六年，我放暑假回老家探亲。儿时的梦想已成真，却再也没有了父亲。父亲走后，我常常梦见他推着自行车，在石堡马

左图：1979 年暑假，我从新疆回老家看望母亲，三代同堂，在棣华围合影留念。
右图：2023 年 4 月，三代同堂在广州合影。

路边上等候妹仔归来。他挽留我的话语，一直萦绕在我的耳边，时光再也回不去，妹仔的人生只能继续向前。

如今，我已年近七十，晚上一闭上眼睛，百年老屋棣华围，带着喧嚣声，扑面而来；爸爸妈妈、爷爷奶奶也会牵着手，一起笑眯眯地走进我的梦里。我知道，我的根在棣华围，无论走到哪里，我都可以回去……

我的亲人们，曾经那么真实地来过这个世界，他们对我的抚育、陪伴和鼓励，带给我一生的温暖和滋养。忘不了的棣华围，忘不了的父母恩……

1963年，父母在黄梅县城拍的结婚照，当时父亲28岁，母亲20岁。

~ 03 ~

从“书箱”门第到教育世家

文并图 / 黄诚斌

湘北黄梅素有“鄂东明珠”之称，千百年来，文坛巨擘白居易、柳宗元等，在此留下大量诗文。其中，李白的“危楼高百尺，手可摘星辰”，写的就是家乡蔡山峰顶上的江心寺。我的老家在湖北省黄梅县蔡山脚下的二号洲村，这里见证过百年家族故事以及父母和我们兄妹四人难忘的往事。

“书箱”门第的传家宝

祖父黄英琪是家中老大，负责耕种几亩田地，是远近闻名的农家好手；二祖父黄英瑞在新中国成立前开学堂、教私塾，新中国成立后担任过多所学校校长；小祖父黄英球开武馆，是远近闻名的拳师。

值得一提的是，小祖父是岳家拳传人，18 岁开武馆授徒，他打的岳家拳桩步稳重，颇有“力拔山兮气盖世”的气势。据说，民族英雄岳飞遇害后，两个儿子和部分部将定居黄梅，教授岳家拳。1982 年暑假，小祖父在水泥地球场教我打拳。他穿的是自家做的老布鞋，脚力所过之处，水泥地都明显有几道槽印。二祖父和我父亲先后帮小祖父抄录整理《岳家拳拳谱》，这部拳谱流传至今。如今，黄梅县档案馆里还有关于小祖父的介绍。

1949 年新中国成立前，祖父们没分家，全家三十多人一口锅里吃饭，家里热闹和睦。至今家中还珍藏着七张地契，这些地契展示了民国十年到民国三十七年之间，家族土地归属的变化。

曾祖父用一整块大樟树板，打了两只书箱，一只给教书先生（我的二祖父），一只给念书的学生（我的父亲）。父亲的书箱陪伴他从私塾到大学。1980 年，

左图：家族的七张地契，至今仍放在一个斑斑驳驳的木质盒里。
右图：我们家的传家宝——樟木书箱

我上大学，父亲的书箱传给了我。1985 年，书箱又跟妹妹进了大学。

如今，这个老物件已成传家宝，孩子们参加高考，都要来摸一摸这个箱子，沾一沾“书香气”，我们家也算是真正的“书箱门第”了。

县委“第一笔杆子”

大学时的父亲，大约 1957 年拍摄于武汉。

父亲 1935 年出生，四岁跟随曾叔祖父启蒙，后跟二祖父读私塾、念高小，考入黄梅县城读中学后，师从廖居仁先生。

父亲自幼聪慧，学习成绩好，因家中拮据，选择到黄州读学费低的师范学校。苏东坡被贬黄州时，写下“乱石穿空，惊涛拍岸，卷起千堆雪”的词句，此壮阔图景，激励父亲奋发求学，也滋养了父亲豁达乐观的胸怀。

中师毕业后，父亲考入华中师范学院历史系，1961 年，父亲大学毕业，留在华中师范学院执教。“文革”期间，父亲在黄梅县一中，一直担任老三届毕业班班主任。最初，父亲作为红卫兵代表，在天安门广场，受到了毛主席的亲切接见。后来他被认为是“保皇派”，被戴上“高帽子”批斗游行。虽然身上挂着“臭老九”的小黑板，父亲依然坚持上课。

1973 年，父亲调入县委宣传部，成为县委机关的第一笔杆子。父亲姓黄，工作起来不知疲劳，人称“老黄牛”。他经常起草大材料，一忙就是连日连夜。黄梅的冬天很冷，他坐在椅子上烤着炭火，

左图：1977 年左右，父亲（右）和同事骑车下乡。
右图：1970 年左右，母亲当民办教师时，经常要参加劳动。

一边抽烟一边冥思苦想，当双眉舒展时，就会提笔疾书，一气呵成。

在县委机关任职期间，为发展黄梅的中医，父亲多方协调，将有正骨专长的赤脚医生李青龙调入县中医院工作。他还和同事走村串户，收集濒临消失的黄梅戏曲谱。

1984 年，父亲调回县教育局任局长，1988 年，在全国率先建成县级教育电视台。面对多次升迁机会，淡泊名利的父亲都放弃了。他说，只想脚踏实地，为家乡教育事业多做点事。

谁说女子不如男

我的母亲名叫陈金珠，生于 1943 年，兄姐六人，在女孩中排名老二。母亲自幼喜欢读书，是农村少有能到县城念中学的女孩。1961 年，从县城关镇中学毕业后，母亲在二号洲中心学校担任民办教师。那时，母亲时常用微薄的收入给贫困学生垫付学杂费。课堂上一旦少了一个学生，她马上家访，把打算放弃学业的孩子拉回课堂。

1971 年，母亲进入黄冈师范专科学校学习，结束十年民办教师生涯，转为国办教师，从教四十余载。母亲经常说，学习一定要融会贯通，转益多师。语文课上，母亲讲课文前，先讲民间故事；在地理课上，她则给学生讲民族精神、人文地理、历史事件。所有教具和图表，都是母亲亲手制作完成的。

1976 年，母亲调入黄梅县第一中学，由于身体不大好，改任初中地理老师。母亲对工作非常认真，虽然身体不好，却经常带病坚持上课，遇到新课或改革时，还要让我们几个孩子陪她试讲。

戴姨是母亲在黄冈师范最好的朋友，她儿子更是跟我“有缘”。1984 年暑假一天傍晚，我在黄梅县城护城河边游泳，突然发现不远处的河道闸口下面，有人被吸进水中的旋涡，双手在水面上挣扎。我快速游过去将他拉出，回到岸边我就回家了，也不知救了什么人。

过了几天，戴姨来到我家，说儿子前几天落水，被好心人救起，这次想来寻找“救命恩人”。没想到，这个“救命恩人”，远在天边，近在眼前。

爹娘手心里的宝儿

母亲在二号洲中心学校担任民办教师的时候，父亲正在两百公里外的红安县教书。父母同村，还同样是教师，祖父一下就相中了母亲，为父亲向外祖父家提亲。外祖父也颇为欣赏父亲，爽快答应了这桩婚事。1963 年，父母在农村老家结婚。

祖父去世后，祖母跟我们生活。20 世纪 70 年代，父母、祖母、四个孩子，我家七口人吃饭，日子难熬。有一次，我们兄弟几人到树林里捡柴，五岁的二弟勇敢爬上树，掰断枯枝时，人也掉到地上摔闭了气。我们当时都吓坏了，学着大人的样子，七手八脚地拍拍打打，最后我用大拇指掐人中，费了好大劲，才让他缓过气来。还有一次，我和二弟跟母亲去港里捞水草，我不慎落水。母亲全然不顾自己不会游泳，跳入水中将我拉起。

左图：1974 年，蔡山老家屋后的竹林边，父亲为我们兄妹四人拍的合影。
右图：1988 年，家门口全副武装的父亲。

为补贴生活，祖母提野菜压塌了小脚，母亲挑水草压弯了瘦弱的肩膀。甚至连祖母梳下的头发球，都要用来换取针头线脑。祖母有个陪嫁的小柜儿，是她一生的百宝箱，里面藏着我童年的幸福时光。只要我表现好，或逢年过节，祖母立马打开小柜儿，变戏法般，拿出一个个小零食奖励我。

小时候，父亲有空就一笔一画教我们练毛笔字。他常说："写字如做人，要立身中正，字就像人的脸面，要想写得一手好字，就要勤学苦练。"父亲是读"老书"的，拿的是毛笔。他读书时，字写得不好，读书不用功，先生就会用尺子打手板心。

从家到学校有四十多公里，祖母为父亲做的布鞋，他舍不得穿，光脚前行。闲时，父亲靠在竹床上，让我们用小手帮他剥脚板上的死皮，那是他最享受

1994 年，妹妹从外地回家探亲，女儿、大侄子、外甥开心嬉戏。

2001 年，父母在英山县吴家山游玩。

的时光。

1976年，父母把我们带进县城读书，兄妹四人先后考入大学。搬至县城后，家里常有亲戚走动，虽不宽裕，父母总以最好的饭菜招待，无论谁家有困难，都会倾囊相助。

过年家中放鞭炮，一直是父亲的“专利”。每年大年三十，父亲贴上对联，点上一支香烟，先点燃一枚“大炮”，再点燃长挂鞭，再有节奏地一枚一枚地燃放“大炮”，最后肯定是由一枚“大炮”收尾。

我参加工作的第二年，父母曾与我小住。晚上不忙时，我总会与父亲下几盘象棋，父亲棋艺好，赢得多。每当他获胜后，便会得意地问：“么势呢，还来不？”

父母喜欢小孩，看见孙辈就会笑眼常开。父母辅导孩子做作业，真是行家里手，无论什么科目，不管多难的题目，都不在话下，就是生活上实在太溺爱，没少挨我们“批斗”。

大孙子喜欢看动画片，父母经常将电视调到少儿频道。小孙子胃口好，饭量大，鸡蛋炒饭、火腿肠炒饭、红烧肉，父母变着花样给他做。这隔代的爱，只有我自己成为爷爷后，才能真正理解。

相见，有很多种方式，爸爸妈妈，无论你们走到哪里，永远在我们心里……

1954 年的结婚照，妈妈烫了卷发，爸爸买了新衣。

~ 04 ~

父母的钢厂岁月

文并图 / 罗延敏

我的爸爸出生在重庆一个贫苦人家，爷爷去世后，他成为一名鞋匠。新中国成立后，父亲进入军工保密单位，兢兢业业工作了一辈子。我的妈妈曾是地主家女儿，打小父母双亡，饱经风霜。

我们全家都与重庆钢厂有缘，妈妈在钢厂的第一份工作是搬运工，爸爸则从检验员做起。钢厂给了两个苦命娃活下去的机会，并在此相识、相爱，打造出钢铁般牢固的家。

后来，爸爸身体不好，妈妈一直照顾瘫痪的爸爸，直到他离世。妈妈如今已九十高龄。我们家的钢厂岁月，如烟如雾，弹指一挥间，走过近一个世纪……

家道中落，儿女飘零

我的外公江达全，1910 年出生于重庆璧山大路乡。1928 年，18 岁的外公与 20 岁的外婆完婚。

1931 年，外婆生下大姨和舅舅，外公只身前往上海，就读于复旦大学。外婆有文化，一手女红相当出色。妈妈的针线活，得外婆真传。外公身高六尺，一表人才，喜穿灰色长衫戴礼帽，有学识又知书达礼。外公外婆家规严格，对子女学习要求高，大姨和舅舅从小带妹妹们读书、练毛笔字。

我的妈妈江朝华，1937 年出生于重庆，家中十个姊妹，排行老五。外公和外婆竭尽全力，送所有孩子读书。妈妈在全县小学算术汇考中，获得过第一名的好成绩。

1948 年底，家里已无力支撑孩子们的学业，妈妈辍学，舅舅开始任教。1950年3月，镇压反革命运动开始了，江家虽已破落，仍没逃过一劫，外公离世，年仅 40 岁。1950 年冬，全家搬出江家大院。1951 年，外婆离世，终年 43 岁。

1951 年底，舅舅调到当时的璧山县大路乡中学任教。16 岁的四姨嫁人。14 岁的妈妈和 12 岁的六姨被送去别家寄养。8 岁的大九姨，送到东北大姨家抚养。10 岁的七姨和 6 岁的小九姨，由舅舅养育。就这样，无爹娘的孩子们，好似蒲公英，四散飘零。

1952 年底，15 岁的妈妈成了西南工业部 102 厂搬运工（对外代号重庆市 2307 信箱保密单位，后改名为重庆第二重庆钢铁厂，再后改为重庆特殊钢厂，简称特钢）。从小体弱的妈妈，用箩筐担砖、担铁，摇摇晃晃地上船下船。

爷爷是大厨，奶奶卖发糕

我的父亲名叫罗永沛，1928 年出生于重庆江北龙王乡小镇街。父亲排行老大，下有两个妹妹。爷爷在城里饭馆做大厨，婆婆（我的奶奶）一人带娃，有时做发糕在街上卖，补贴家用。

1940 年，爷爷因肺痨去世，终年 35 岁。奶奶无力独自抚养 3 个孩子，只得将大姑姑送给一位好心的寡妇抚养，自己带着两娃，到沙坪坝投奔爷爷唯一的亲人——表姐文姑婆家。

文表叔将爸爸介绍到朱姓皮鞋作坊当学徒，包吃包住。文姑婆托人，让婆婆到有钱人家帮佣。小姑姑则在被服厂帮工，一家人艰难维持生活。

1952 年，小龙坎街道推荐爸爸进了特钢厂，做检验工。1952 年底，婆婆病故，终年 50 岁。

缺衣少粮的童年时代

1954 年，在厂交谊舞会上，26 岁的爸爸与 17 岁的妈妈相识。同是天涯沦落人，爸爸妈妈很快走到了一起，1954 年，爸爸在团结坝百货大楼买了新衣，妈妈烫了卷发，在重庆的百年老店皇宫照相馆拍了结婚照。1955 年 2 月，他们结婚了。

厂里为解决高级管理人员的居住问题，修建了六栋一楼一底的二层建筑，人称“苏式楼”。最初，只住了 24 户专家。婚后，爸爸分得了其中的一间小房子。

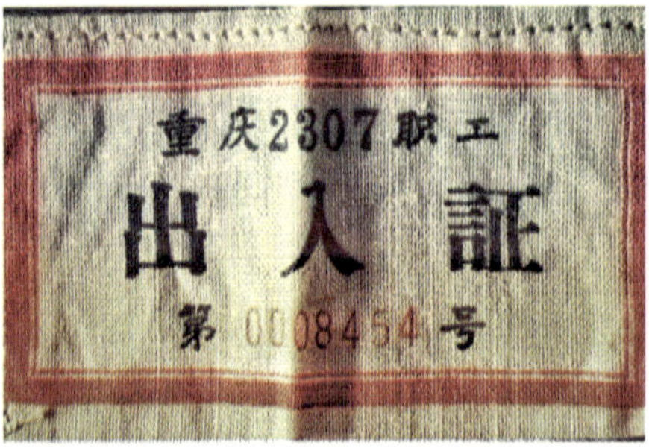

左图：当年爸爸工作的工厂的出入证
右图：妈妈一直使用的雪花膏、头油和老木梳。

当时“苏式楼”的外墙是奶黄色的，2018 年，“苏式楼”迎来整修，统一为红墙风格，现已成为网红打卡地。

1955 年 11 月，大姐出生。1958 年 8 月，哥哥出生，爸爸走上领导岗位。1958 年，妈妈转正成为 102 厂的正式职工。1963 年 8 月我出生。七个月后，妈妈被单位裁员，失去了工作，爸爸五十多元的工资要养活一家人。祸不单行，之后的“四清”运动中，爸爸受人诬陷，被隔离审查，后来才恢复名誉和职务。

1970 年前后，妈妈为了减轻爸爸的负担，修涵洞、担砖担石。晚上回到家，灯下，爸爸用火烤镊子后，夹上酒精棉球，将妈妈肩头已腐烂的肉挖出，再用嘴反复吸出带脓的血。几十年来，妈妈肩上一直有一个大大的肩包，成了一个斜肩头。妈妈为人节省，她省吃俭用，攒了很多粮票，有的至今都舍不得丢掉。她特别恋旧，讲究生活细节，雪花膏、头油和老木梳，晚年也一直在使用。

1975 年的暑假，为了减轻家庭的负担，17 岁的哥哥跑去嘉陵江边挑沙，一双脚磨出了血泡，爸妈知道后心疼不已。哥哥辛苦挣来几元钱，特地为我买了双金黄色尼龙袜，而他自己常光脚走路，凉鞋挂书包上。

我们的童年时代，整个国家都缺衣少粮，农村四姨、六姨、七姨和大姑姑更困难，妈妈时常接济。

1953 年，爸爸在重庆市北碚区北温泉，参加青工培训学习留影。

1958 年，妈妈转正成为 102 厂的一名正式职工，这是妈妈的证件照，当年 21 岁。

上图：修整后的“苏式楼”
下图：嘉陵江边，被列入全国重点文保单位的老钢厂，记录着军工业曾经的辉煌和历史。

举家迁往西昌

1976 年，爸爸支援三线建设，调到四川凉山西昌太和铁矿指挥部工作，我们举家迁往西昌。离开重庆前，爸爸去小龙坎接文姑婆，到沙坪坝照相馆拍全家福，下餐馆吃了一顿离别饭。文姑婆将他们一家的全家福作为重要礼物，

1976 年的全家福，一排左起：妈妈、文姑婆、爸爸。二排左起：姐姐、哥哥、我。

1980 年夏，父母合影

在我们离开重庆时赠给我家。

我们的凉山新家安在了破石头沟。矿山的工作艰苦紧张，爸爸很快病倒。在家输液时，因消毒医疗包有问题，爸爸差点命归黄泉。好在抢救及时，爸爸捡回一条命，却从此落下高血压的病根，开始长年服药。

1987 年，爸爸（二排左二）调回重钢后，和同事们合影。

那时，妈妈没工作，一家五口就指望爸爸的工资，非常困难，按定量一家人很难吃饱。妈妈带着哥姐，开荒种地，养鸡、鸭、鹅等来改善生活。

1978 年，总算盼来招工指标，职工家庭可有两个名额进矿，姐姐去了上海宝钢实习，哥哥到重钢实习。1979 年，矿里为解决居民做衣难的问题，成立了缝纫小组，妈妈开启了她喜欢的制衣工作。

1980 年夏，工会请西昌照相馆的师傅，到矿里来给大家照相。52 岁的爸爸和 43 岁的妈妈留下了一张珍贵的合影。当时，妈妈穿的是爸爸在成都出差时买的涤纶衬衣，爸爸穿的是妈妈裁制的衬衣，他们笑得很开心。

再也回不去的江家大院

1981 年，我以第一名的成绩，被西昌太和铁矿机动科录取。1983 年，调

上图：妈妈和咕咕，2022 年摄。
下图：江家大院旧址一面待拆的危房架子墙前，我采了一束野花和妈妈合影。

回重钢公司计控厂（现重钢集团电子公司），住进集体宿舍。1987年，爸爸调回重钢公司退管处，分到一套三居室，我们终于有了真正的家。

1988年退休后，爸爸打桥牌、跳舞，还获得过大渡口区首届老年交谊舞比赛冠军。没想到，1990年10月，老爸突然脑出血，半身不遂，通过治疗，勉强能扶墙移动，此后一切都需人照顾。爸爸喜欢看书，生病十年，不但把家里藏书看完，还把楼下书摊的武侠书，租来看了个遍。

2000年春节，爸爸看见电视上有卖公墓的广告，对我们说："去找一处离家近一点的公墓，你们以后去看我也方便些。"于是我们在白居寺旁，选定了金龙山的公墓，爸爸听后很开心。然而，我们还没来得及带老爸去看墓地，2000年9月30日，爸爸就安静地离开了我们，终年73岁。

爸爸离开后，哥哥把妈妈接去同住。后来，我把妈妈接到我家一起生活。妈妈从小营养不良，成年后又做体力活，到老年，心脏衰竭和腰椎胸椎变形的痛苦，一直困扰着她。一到冬季，妈妈都会经历住院抢救、出院后躺着慢慢休养的过程。

经历新冠疫情后，妈妈身体状况大不如前。妈妈有一只养了十年的美短，名叫咕咕，妈妈每天照顾咕咕，觉得自己还有点用，这也是她能坚持到阳台走走的动力。

2023年6月18日，我们带妈妈去寻找曾经的江家大院。妈妈13岁就离开此地，她眼含热泪，慢慢靠近自己曾经的家。

从美少女，到初为人母，再用肩扛起半个家……妈妈所有的过往，都像电影般，一幕幕在我眼前流走。陪伴母亲的每一天里，我幸福着、紧张着、害怕着，各种复杂的情绪纠缠着我。我想牢牢抓住那些生活的瞬间，想留住模模糊糊残存的记忆，一切却是那么无奈和无力。

父母 2015 年的合照，当时父亲 91 岁，母亲 87 岁。

~ 05 ~

二光村的百岁传奇

文并图 / 王玉甫

“二姓联姻成大礼，百年偕老乐长春”，这句新婚洞房常用的喜联，对于我的父母来说，不仅仅是美好的愿望，更是他们真实的人生写照。他们从新婚、银婚、金婚、钻石婚，一路携手走来，创造了十里八乡之最。他们的爱情和人生，虽平凡但也如同璀璨星辰，在属于自己历史的天空中闪耀着光芒。

父母的故事，不仅仅是一段关于长寿的传奇，更是一部关于爱情、家庭、人生的启示录。他们用自己的行动阐述夫妻恩爱、良好的生活方式、面对困境良好的心态以及节俭持家的品质，这就是幸福生活的秘密。

父亲的脾气来得快去得快

我的父亲王振洪，1924 年出生于河北省武清县（今天津武清区）陈嘴村，新中国成立后曾在天津市区当过十多年工人，户口本上的职业是粮农。父亲脾气大，脾气来得快去得快，心理状态一直特别健康，加上常年劳作，身体一向很不错。父亲的一生倔强耿直，不善交际，老年以后，经常保持一个姿势静静地独处。

父亲虽然大半辈子都是农民，却喜欢戴眼镜，很有一副知识分子的派头。即便到了老年，他也是衣装整洁，腰板挺拔，精神矍铄。当年父亲从乡下来到县城为我们带孩子时，很多邻居认为他是退休干部。

母亲能干又热心

母亲姓卢，名本青，1928 年出生于河北省武清县定子务村。母亲出身优渥，可惜 8 岁那年，姥爷得罪小人被绑票，家人变卖家产，凑足 4000 大洋才将他赎回。被赎回后不到半年时间，姥爷和太姥爷就相继离世。卢家自此家道中落。

寡居的姥姥带着三个孩子，还要照料同样寡居的曾太姥姥和太姥姥，三个寡妇一起生活，艰苦光景可想而知。谁承想，塞翁失马，因祸得福，新中国成立后阶级成分划分时，曾经显赫的姥姥一家，因为陷入极度贫困，最终被划为贫农，安全躲过了一场又一场运动。

母亲能干，生产队时代曾经担任妇女队长。经历过饥饿年代，母亲一直节俭，从不浪费。母亲的沟通能力强，是我们家的外交家，喜欢张罗事，属于乡村红白理事人。在以前艰苦的岁月里，家里遇到一些拆拆借借的事，一般都是母亲出马。

2016 年，当年的小女孩已经长大即将出嫁，请爷爷吃了一顿狗不理，老人觉得不是年轻时的味道，有些失望。

左图：2017 年冬天，母亲坐在床上，手拿念珠，这也是她的生活日常。
右图：这面已有 80 余年历史的梳妆镜，是母亲当年的嫁妆。

终于有了真正的家

父母成亲于1942年，正是抗战相持期。母亲的嫁妆筹备了两次。第一次是八件套，出了天津城没多远，就被宪兵扣下并没收。第二次是六件套。有皮箱一对、梳妆镜一座、帽筒一对、双耳单瓶一对、带玻璃罩的座灯（煤油灯）一个、梳妆匣一只，如今只有梳妆镜还在。

1949年，父母的第一个孩子——我的大哥出生。后来孩子们多起来，年景不好，就像拉扯小猪一样，一下就大了。

1962年，父亲积极响应号召自愿返乡，政府一次性发放600元给他。1964年，父母用这笔钱，在村边盖了三间砖房，真正拥有了属于自己的家。从1964年建成到2017年准备拆迁，父母在这所房子中度过了半个多世纪。我们兄妹五个，只有我是在这所房子里出生的。父母在这处宅子里，送走了爷爷，娶入三个儿媳妇，聘出两个闺女，完成了整个家庭的所有大事。如今，老屋已成废墟，而我也当上姥爷了。

左图：父母的家，最初建造的房屋老旧失修，这是2009年在原址翻建的。
右图：2017年3月，父亲告诉母亲，生活了大半辈子的二光村即将拆迁。

分家，一碗水端平

1982 年春天，父母决定分家，因为传统农家思想，女儿们没有参加家产分配。

分家过程是一个拉锯式的谈判过程，印象里大概分了四五天。我那年刚上初一，属于未成年人，父母虽已年过花甲，为做到一碗水端平，毅然表示独自供养我读书上学，直到我立业成家，不接受哥哥们的帮忙。分家主要是分房子，父母确保弟兄三个每人都有一处房屋安身，其他锅碗瓢勺等属于配套均分。

多年后，家乡平改——农民宅基地拆迁，村民搬入楼房。这个过程中，我们兄弟仨没有任何歧义，没有为争夺钱财失和，足以证明父母当时很有远见。

车站的离别

1987 年，我考上了大学，户口转非农业，这在当时农村算得上光宗耀祖

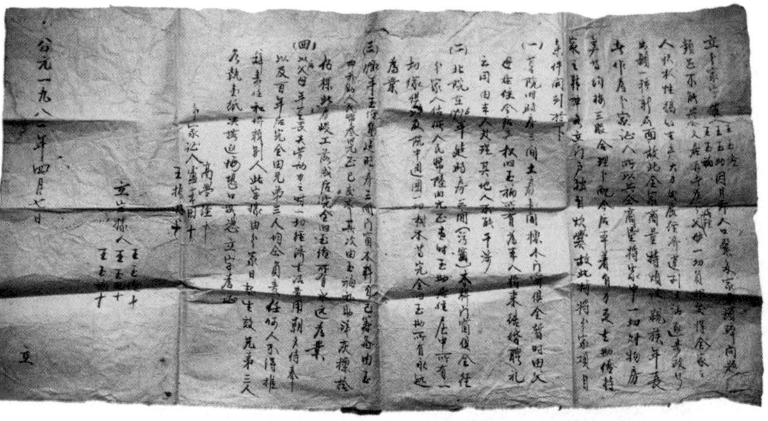

1982 年签署的分家单，一式三份，兄弟三人每人保存一份。

的事情。第一次出远门，父亲决定送我到火车站。

我们起大早，坐四个多小时长途车赶到北京站，没想到依然错过火车的发车时间。为了省钱，也怕错过售票，无奈之下，我们只好在火车站倚着行李凑合一宿。

转天早上大约四五点钟的样子，我买了火车票，父亲买了站台票。排队等待检票进站时，父亲突然想起要给我买条毛巾，赶紧出站去买。我拖着行李，艰难地挤进了绿皮火车，带着离家的酸楚，透过车窗，焦急地等待父亲的出现。

终于，父亲出现在视野里，看得出他也很着急，一出检票口就开始跑向站台，到了车窗边把东西递给我，说了句自己注意后，便转身离开。父亲并不高大的背影，细长而青筋突起的双腿，一缕被风吹起的花白头发，都深深留在我的记忆里。

火车开动后，天空开始飘雨，我一直在抽泣，不争气的眼泪一直流到北京丰台站，既为自己迷茫的前路担忧，也埋怨父亲为何不和我多说几句话，便匆匆告别。

后来听母亲讲，那天是父亲 63 岁的生日，他没带雨具，一直淋着雨回去的，匆匆转身离去，是怕自己流泪，更怕我看到后不舍。那天的雨浇在他身上，

2006 年夏天，父母在山海关前的合影。

更浇在他的心头，这个坚强的汉子到家就病倒了。

这次车站的离别，让我记住了父亲的生日，更记住了父亲深藏心底的爱。

平淡的幸福

我工作以后买了相机，时不时记录一下生活，母亲才渐渐地出现在镜头里。2013 年，我开始学摄影后，家人自然而然成为我的模特。我为了拍母亲，特意买了一台拍立得。母亲感慨，年轻时没照过相，老了要找补回来。我用拍立得给母亲拍了一年多，挑选出来一批，拼出了一个“老”字。

2006 年夏天，我带着父母去了一趟北戴河。北戴河离我们的居住地有 260 公里，这是母亲一生中去过的最远地方，也是她第一次近距离接触大海。父亲虽然见过海，度假却是第一次。

我带着他们吃海鲜、泡海澡、游长城，老两口十分开心。这段经历让街坊四邻羡慕，人人都夸他们有福气，儿子媳妇孝顺。父母那段时间在村里着实风光好一阵。

父母的经历真实平淡，没有值得纪念的事迹，只有隐入尘烟的琐碎。如今，我们家族已经有 40 口人，真心希望晚生后辈能把父母这种恬淡、达观的人生态度传承下去。有了这种精神力量的支撑，相信后辈未来的人生道路，也会像我的父母一样，走得积极豁达、平安幸福。

1961 年，父母的结婚照。这是婚后一年才补拍的，母亲身上的衬衣是从照相馆老板娘那里借来的。

~ 06 ~

人世间，六十年

文并图 / 何峰

人生的幸福有很多种，对我来说，退休后还能守在父母身边，听他们说家常，聊过去……就是最值得珍惜的幸福。

父母自年少时相识，已经携手走过 62 年，即使经历困苦生活，也总是用热气腾腾的生活，诉说着人间值得。在他们看来，物质的匮乏从来都不是生命的障碍，彼此的爱和支持，才是生活的主题。

我的父亲名叫何灼华，1939 年出生于湖北省黄梅县停前镇南冲村许家湾；母亲名叫高汝珈，1942 年出生在黄梅县孔垅镇西街。他们的老家地隔 80 公里。在时光的长河里，他俩从青丝到白发，有欢笑，也有泪水；有成功，亦有挫折。正是这些点点滴滴，汇聚成了我们家庭独有的记忆……

家贫志不移

父亲出生于大别山麓的黄梅县上乡的小山村，爷爷读过私塾，粗通文墨，这样的人在当地凤毛麟角。因为身体廋弱，爷爷以教授学生为主业，家里山凹间的八亩地请人租种。由于爷爷德高望重，被拉去兼任当时国民党的副乡长。这样的身份，在后来属人民民主专政对象。因没有大罪，爷爷被送到湖北省浠水县散花镇劳改农场服刑。1951 年，37 岁的爷爷罹患结核病，后来病情恶化病逝。

新中国成立后，奶奶带着两个儿子，在家种着土改分得的八亩五分地，艰难生活。好在父亲的叔叔（我爷爷唯一的弟弟）在武昌读书，新中国成立前即参加了革命工作，每月给我父亲几元钱，资助他读完了初中。父亲一生视叔叔为亲爹，每年都要去湖北蕲春县看望他们一家。

1958 年，父亲初中毕业后回乡务农，听闻县里大招工，费尽周折报上名，因成绩优异，成为黄梅县粮食局城关米厂一名电工学徒。两年后，父亲从黄梅小池镇油厂被调到更大一些的孔垅镇轧花厂。

“家贫志不移，贪读如饥渴。”父亲喜欢学习，虽然那时他每个月的工资只有 15 元，却喜欢买书。当时出版的共有 12 本分册的《电工学》，他全套都买来学习，直到 20 世纪 80 年代，我在初中学习物理时，还把这套书当课外读物。

父亲在单位是出类拔萃的。1973 年，黄冈市粮食局曾想把父亲调去工作，只因父亲的家庭出身不好而未能成行。尽管出身不好，但父亲在工作和学习上不断进取，这让他在后来的世事浮沉中，能多次“咸鱼翻身”。

母亲的家世居孔垅镇，在镇西有沿街约百米长的三进三重的房屋，自家经营着布匹、百货等生意，还有铺面出租。20 世纪 30 年代，姥爷高夔一还被推举为镇商会会长。姥爷因暗中资助共产党活动，在 1942 年被汉奸告密，日本鬼子把他抓到九江。一个多月后才打听得知，姥爷已经被日本人装入麻袋，沉了长江底。

上图：我母亲（左二）初中毕业时与同学在孔垅镇合影。同学友谊保持了六十多年，从来没有改变过。
下图：1983 年春节时，父亲拍下我妈和父亲的叔叔一家的团圆照。

这时，母亲刚刚出生，族中人无法去江中寻尸，姥姥一个小脚女人更是束手无策。近年，县邑有心人收集到姥爷留存的几首同情和支持革命的诗词，收入《黄梅民国诗词集》。

姥姥一生共生育子女七人，历经战乱和疾病，只养活了一儿一女。姥姥用她瘦弱的身体撑起了这个家，夜以继日地帮人洗衣服、纺纱，以及变卖、典当家产，勉强支持舅舅和母亲读到初中毕业。姥姥结婚时买的陶罐，至今

姥姥的陶罐

仍在家里使用。从罐底下的“张同生顺”印章推断,这些是清末民初出品的。“文革”时,父亲担心罐子上面的古诗被人说成封建思想残余,用油漆把这些字全部涂抹得不可认,这几只陶罐才得以保留下来。

母亲上学之余,时常帮人纺纱、织毛衣,以补贴家用。在夏秋收割庄稼的时候,还到十多里之外的龙感湖农场,在别人割过的地里,拾收割后落下的谷穗或麦子,送去加工厂换成口粮。

拮据的前半生

1960年,母亲初中毕业后,因为要照顾姥姥,放弃进入黄石卫校的学习机会,在孔垅加工米厂做零工,正遇上父亲所在的孔垅轧花厂与加工米厂合并了,两人成了同事。在众人的撮合下,他们结婚成家。此后,姥姥长期同我们一起生活,至1984年过世。

父母刚结婚时经济拮据,婚后一年才去黄梅县孔垅镇照相馆补拍了结婚

2017 年 3 月 11 日，拍摄于孔垅镇老屋。

1961 年，父亲结婚时唯一置办的家具——五屉柜。

照，母亲的上衣还是照相馆老板娘借她的。结婚时唯一置办的家具是一个五屉柜。这是父亲请县粮食加工厂师兄帮忙，在县城的家具厂定制的。完工后，父亲从孔垅镇推着二轮小板车步行到县城，歇一晚后，再拉回孔垅，两天往返的路程有百余里。

因为父亲和母亲工作太忙，无暇照顾我们，我们兄妹三人就从乡下接回到镇上由姥姥“全托”。姥姥家原有的大片房屋，公私合营用作纺织厂厂房，房产部门给姥姥安排到一间屋子里居住。这间老屋是浸入我儿时生命的场所。儿时感觉它是一座宽敞、幽长的老屋，这间长条的屋子分三段住了三户人家，我们是第二户，离床三米远，吃饭的方桌下还养了一头猪，拥挤却热闹。四十多年后，我再见到这房子，只有朱家晚辈还住在这，屋子像是一位落寞干瘪的耄耋老者：约三米宽、十余米深的屋子，屋内地面凹凸向后斜着，斑驳的墙壁上游走着深浅不一的裂痕，青瓦下横七竖八地悬着掉着木条……老屋已如此衰朽，不禁令人唏嘘。

当年，有人认为我父亲出身不好，不宜在工业部门与加工机械这样的“国家重要资产”打交道，县粮食局便在 1965 年调他到孔垅粮管所，担任最底层的乡管员，整天行走在乡村，统计各种粮食数据。

1979 年初，父亲由孔垅粮管所调至县粮食局，不久又调到县政府财贸办公室工作，并于 1986 年加入中国共产党。1981 年，全家迁居黄梅县城，一辆卡车拉着简陋、陈旧的家什，搬入县粮食局宿舍。

大约拍摄于 1981 年夏，父母亲在黄梅县粮食局宿舍。

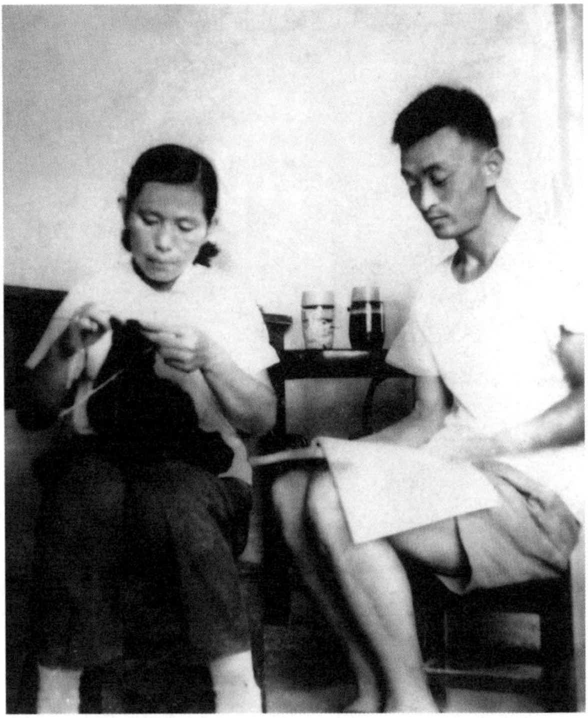

在粮食局和财贸办工作期间，父亲主要从事文秘工作，他的文章受到领导的好评，参编的省贸易志所写篇章，还作为模版在全省推广。由于需要组织一些文艺演出，粮食局给父亲配了一台海鸥 120 照相机，父亲用这台相机，在家里与母亲拍了上图这张自拍照。

文艺青年的下放生活

母亲初中刚毕业时，正是碧玉年华好时光，是一个爱好文艺的青年，学校里唱歌、跳秧歌、打篮球，都会有她活泼的身影。

1964 年，国民党制造“台海危机”，大陆这边的应对措施之一是疏散城镇人口。父亲的家庭成分不好，母亲和我的商品粮户口被注销，我们被“下放”到

1979年春节，母亲在孔垅镇东港河边小船上留影。

孔垅区向桥公社农场务农度日。随着两个妹妹的出世，母亲一人带三个孩子在农村，尽管每日面朝黄土背朝天拼命劳动，还是挣不到一家人的口粮，每月入不敷出，靠父亲在单位打借条支取工资度日。

更为难过的是，因出身问题，我们饱受众人歧视，有政治活动不让母亲参加，还不断有“做工没人，吃饭一大桌”的闲话传出。母亲是个要强的人，有一回小产的第二天，便出工去地里劳动，晕倒后被人送到医院才救回一命。

十三年的农村生活，让母亲不仅能干全部的农活，还学会了纺纱、作油面等手艺，此外，还在农场食堂做过司务长。

母亲也曾投靠奶奶，可奶奶带着叔叔在山里更是艰难。奶奶逃不过批斗、游街，挂着“地主婆”的牌子被人指指点点，最终不堪折磨，1969年秋，服农药与世诀别。

妈妈后来闲聊说过，她也曾想到过自杀，考虑到上有日渐老去的寡母、下有年幼的三个孩子，才坚强地活了下来。

20世纪70年代初，我们的户口转到区办七里湖农场，生活条件稍有改善。直到1977年，我们全家人才全部转为城镇户口。

德厚家和万事兴

在下一辈的教育上，父母亲帮了我大忙。女儿上小学时，我父母虽然还在上班，却总是尽量抽出

左图：2001 年元月，父母和我女儿、大妹女儿、小妹儿子在黄梅一中新校园。
右图：2021 年 10 月 16 日，父母金婚纪念日，拍摄于黄梅大别山旅游公路。

时间来陪伴孩子。母亲教她算术，父亲辅导语文，教她练字，二老珠联璧合，帮助女儿养成了很好的学习习惯。如今，我女儿、大妹女儿和小妹儿子都学业有成。

平日里，父母在生活上相互关心，生活依然十分节俭，有好吃的、遇到好玩儿的，总是想着对方。从大山深处、穷乡僻壤一路走来，我们深知父母的不易，在各自工作生活之余，总是尽力陪伴他们。退休前，父母亲极少外出旅游。在他们退休之后，我在工作之余尽量抽时间陪他们外出，看看自然风光，拍拍照片。

韶光荏苒，岁月如歌，父亲母亲已经共同走过六十多年，我也已经年过六旬。其实我知道，我们芸芸众生都一样，虽只是大千世界的过客，但也留下了属于自己的痕迹。

1960年，父亲和母亲的结婚照

~ 07 ~

杭州教师之家的百年影像

文并图 / 周佳清

母亲已经走了十个年头了……失去的伤痛，随着时光流逝，慢慢弥散，渺若烟云，只化作一句脱口而出的感叹：时间过得真快。偶尔会有一些细节片段，在某个时候突然闯入回忆。我空着肚子赶着上班的路上，会想起母亲在许多个早晨，端上一碗热腾腾的鸡蛋面；独自一个人过生日时，我会想起很久以前，母亲带回来的一个小小蛋糕……

母亲的家，只留下了记忆和传说

母亲生于 1934 年秋天，那是杭州桂花飘香的季节，因此取名“桂素”。我外婆有四个孩子，母亲是老大。抗战逃难时，母亲最小的弟弟在途中病死，小妹妹在逃难到安徽屯溪时被送给了当地人。动荡之后，只剩下母亲和姨妈两个孩子。

母亲的祖先南宋时从河南迁徙至杭州，官至二品，母亲儿时家境殷实。外公老年时得了阿尔兹海默病，经常念叨：“我站在家门口，望得到的田地，都是我家的。”抗战胜利后，母亲一家回到杭州时，家里值钱的古董家什已被洗劫一空。新中国成立后，几处年久失修的房产因为没钱整修，无偿捐给了国家，只留下位于河坊街的老房子自住。20 世纪 90 年代初，建造城市高架桥，这幢老房子被拆迁了。从此母亲的家，只留下了回忆。

外公年轻时做过木器家具的设计，后来在铁路上工作。外婆是家庭妇女，文化程度不高，但我母亲从小读书很好，据说当年在杭州蕙兰中学（杭州第二中学的前身）读书时，考试常拿第一，是一个妥妥的学霸。后来读了浙江幼儿师范学校，在那里学会了画画和钢琴。之后被学校推荐到浙江师范学院中文系读大学。毕业后，母亲先后在杭州师范学校和杭州开元中学当语文老师，直到退休。在师范学校工作期间，母亲认识了我父亲。

约 1952 年，读高中时的母亲。

1954 年，母亲 20 岁，就读于浙江师范学院（杭州大学前身）。

1956 年，母亲和同学一起在杭州西湖边欢度三八妇女节。

1961 年，父亲母亲和母亲的妹妹在杭州灵隐游玩。

在杭州郊区相遇相知

父亲老家在浙江萧山坎山镇，是当时坎山第一大户。爷爷和奶奶是表兄妹，清朝年间，奶奶家族有人被选入宫中，可谓“萧山贾元春”，风光得很。奶奶出嫁时在当地也算一件大事，十里红妆，蔚为壮观。由于从小接受了良好家庭教育，父亲五个兄弟姐妹后来都读了大学，有三人从事教育工作。

1943 年，父亲小学的时候，萧山坎山的老房子因为火灾被烧毁。当时爷爷在江西九江工作，于是举家搬到九江。父亲在九江私立同文学校读完小学。中学时，随家回到杭州，居住在杭州大塔儿巷（也就是戴望舒诗里的那条“雨巷”）。后来爷爷奶奶去南京港务局工作，定居南京，父亲考入浙江师范学院，留在了杭州。父亲和母亲虽是校友，但他们在学校时并不认识。

1955 年父亲大学毕业后，被推荐去复旦大学哲学系读研究生。1957 年研究生毕业后，父亲被分配到浙江省委办公厅工作。1958 年父亲和母亲都被抽调去杭州郊区农村搞人民公社，半年多的时间，几个知识青年一起工作，一起吃饭，一起劳动，成了朋友。回到单位后，父亲有事没事就去母亲学校蹭饭（父亲说是因为母亲学校的饭菜比较好吃），约母亲出去玩。这算是日久生情，水到渠成吧。

1947 年，童子军时的父亲。

1960 年，父亲母亲的结婚证。

左图：家里现存最早的一张相片，人物不详，疑似我奶奶的母亲和外婆。
右图：父亲的周岁照，1935 年。

其实当年我父亲这拨人，是为了解放台湾后，拟派驻去台湾工作而培养的。父亲是个不喜欢坐办公室、开会、看文件的人，就主动请求去学校当老师，去了浙江师范学院教书。也许就是因为这种与世无争的性格，在后来的政治运动中，他这样的出身也没有受到大的牵连。

童年的滋养伴随我一生

20 世纪 60 年代，我出生后，父亲随浙江师范学院迁址去了金华工作，后来浙江师范学院一分为三，分别成立了丽水分院和台州分院。据说留在金华

1966 年，“文革”时期，父亲与红卫兵到北京串联。

的基本是造反派，我父亲算是保守派，就去了临海的台州分院，一直到我读初中，父亲才调回杭州，在当时的杭州大学（后并入浙江大学）任教。

因为父亲在外地工作，我从小跟着母亲住在外婆家，父亲只在暑假回杭州，他的话不多，在我童年生活里父亲只是远处的背景。

母亲喜欢文学和美术，我日后对艺术的喜爱主要源于我母亲。小时候，每到夏天，在外婆家的天井乘凉，或冬天睡觉前躺在被窝里时，母亲总会讲世界名著，比如《红楼梦》《水浒》《悲惨世界》《大卫·科波菲尔》等，很少讲小孩子通常喜欢的童话，我听得一知半解。母亲还教我唱歌和背诗，唱的是《三套车》《喀秋莎》《莫斯科郊外的晚上》等 20 世纪 50 年代流行中国的苏联歌曲和俄罗斯民歌，背的诗基本是毛泽东诗词。

左图：1970 年，母亲带我和哥哥在杭州中山公园玩。
右图：约 1974 年，我小学时与母亲在她工作的学校。

七八岁的时候，母亲看我酷爱画画，便请了一位美术学院的老师。老师看了我的画，觉得画得不错，就约定暑假开始跟着他学画，但后来那个暑假母亲生了一场大病，这事不了了之了，这也断了我从小的画家梦。

母亲退休后经常在家画画，她也喜欢旅游和弹钢琴，由于舍不得买钢琴，她总是去以前教书的学校，借音乐教室的琴过瘾。现在想来，我是心有愧疚的。儿子小时候学钢琴，上万的琴我眼睛不眨就买了，为什么就没想到给母亲买一架钢琴呢？我很少带母亲出去旅游，甚至都没有好好地给她拍过几张照片。

父亲退休后很长一段时间都在外面讲课。政治作为公共课，不管是成人高校还是一些干部培训班都要上这门课，他到处跑，有时在市内，有时去外地。身体是真的好，一直讲课到七十五岁。

父亲最大的爱好似乎就是麻将了，从来都是赢多输少。前些年，他每周总是要去教工宿舍的活动室，跟几个退休的牌友搓一两场麻将。疫情开始后，

2013 年，父亲和母亲的最后一张合影。

左图：2013 年，母亲在摄影展上看我的作品。
右图：母亲退休后在老年大学学国画，这是她画的牡丹图。

活动室关闭，后来有的牌友去世了，父亲就很少去了。每天除了去小区公园遛个弯，大部分时间就是看看电视、看看报，偶尔也钓钓鱼、打打乒乓球。

现在，他老人家已经九十多岁了，除了耳背，记忆力减退，并没有什么基础病，也许心境淡泊、万事看开就是他的养生之道吧。

很多年前，母亲曾跟我说，以后等你退休了可以去学画，你有天赋，肯定能画得很好。转眼我也到了快退休的年龄了，用镜头替代了画笔，弥补一下曾经的梦想。值得欣慰的是，我妈去世前一年，看过我展出的摄影作品，我记得那天，天空晴朗，母亲心情不错……

第二章

执子之手，与子偕老

1961 年，我们一家人与舅舅、外婆的合影。前排左一是 17 岁的舅舅，中间是姐姐，右一是父亲，后排左一左二是母亲抱着刚刚周岁的我，后排右一是外婆。

~ 08 ~

风雨同行八十年

文并图 / 刘延风

春暖花开，寒冬飘雪，父母牵手而行，青梅竹马的他们，在一起已经整整八十年，历经风风雨雨，依然绵绵相依。

八十年前，父母就读同一所小学，数年后，在一个风和日丽的早晨，他们在杭州灵隐寺邂逅。在父亲邀请下，母亲前往父亲单位（云和邮电局），与他一起工作。此后，他们结婚生子，再也没有分开过。

如今，父母都已鲐背之年，当年的两口之家，已成为一个幸福的大家庭。父母渐渐老去，时常被病痛折磨，他们互相鼓励，共同面对生命的一个个难关。

青梅竹马，灵隐邂逅

父亲刘水根，1933年生于杭州临安玲珑站。那时，我的爷爷和太公为地主织布，租种二十四亩田，后来养毛驴搞运输、开豆腐店。但即使他们不停干活，全家也才勉强吃饱。每天凌晨两点，十五六岁的父亲就要起床推磨磨黄豆，非常辛苦。

母亲葛慧萍，1935年出生于萧山。四岁时，为逃避日本鬼子，母亲一家人从萧山逃难到临安石山头村，我外公做小生意维持生计。

1944年，父母在杭州临安石山头村一起上小学，度过难忘的童年时光。夏天，男孩们跳入河中游泳、抓鱼。有一次，父亲和另外两个同学，把地主家的小毛驴拉出来，一个人骑在上面，两个人一边一个拉毛驴的耳朵，在木桥上轮流来回坐。1948年父亲小学毕业后，同学们各奔东西，父母没再见面。

1950年10月，17岁的父亲到富阳县（今富阳市）窈口区和场口区参加二期土改，是一名临安地委土改工作队队员。那时土匪出没，父亲个子小，雨天背着汉阳造步枪，枪口都碰到地上，同事们叫他“小同志”。新中国成立初期，生活艰苦。当时的主食都是米和番薯丝一起烧饭，菜只有咸带鱼包心菜，特别咸，同志们很有意见。厨师嘴上常挂着一句“菜少多放盐”。

1947年，因家中贫困，母亲辍学。幸而她能

1956年，父亲到杭州出席浙江省新民主主义青年团代表大会。大会结束后，父亲看了梅兰芳亲自演出的京剧《洛神》。

1955年，母亲在浙江省立杭州女子中学读书，当时已20岁了。

上图：1954年，父亲在实习话务业务，使用的是磁石电话交换机，上装有用户塞孔，用户号牌等。
下图：1958年，云和南门大桥，“七仙女”合影。

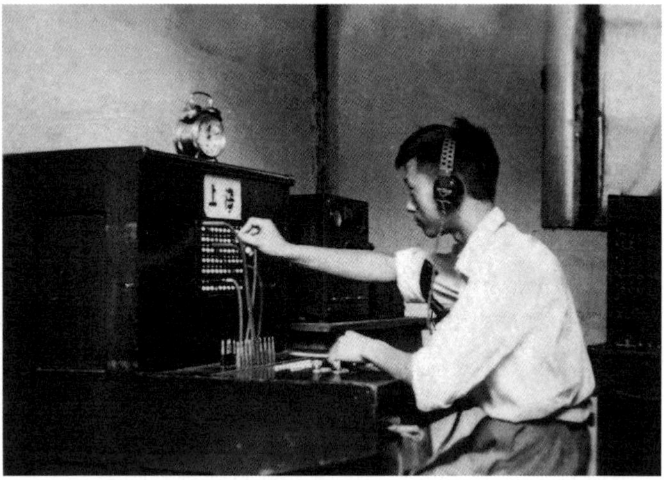

歌善舞，在农村剧团演戏。几年后，母亲就读于浙江省立杭州女子中学。1952年，在临安县粮食局工作的父亲到临安专区干校学习。

1954年，父亲在杭州灵隐寺大雄宝殿后面的浙江省行政学院学习时，一群女生来春游。眼尖的他一眼就认出了分别四年的小学同学——我的母亲。当时母亲在浙江省立杭州女子中学读书，住在杭州舅舅家。老同学相见，格外亲切。

两年后，已经到云和邮电局工作的父亲到杭州出差，便想去看看老同学是否还在杭州。结果，母亲还真在舅舅家。父亲便问："你初中毕业还读书吗？"母亲说："21 岁了，不读了。""想不想去云和邮电局工作？"母亲说："想去"。

到邮电局和铁路工作，是妈妈的人生梦想。太外婆不舍得母亲去，劝说母亲："亚致（母亲小名），这里同学一起进进出出，多好啊，去那里就只有你一个人。"母亲跟外婆说，同学同乡知根知底，不害怕。不久，父亲写信给母亲："局长已同意你来工作，但云和是个小县城，生活比较艰苦，要有思想准备。"

母亲准备去云和时，正好碰上省邮电工会主席会议在杭州召开，云和的工会主席也来了，住在杭州清泰旅馆。父亲告诉母亲，去清泰旅馆找云和的工会主席，待会议结束后就跟他一起来云和报到。离别时，外婆送了母亲一件黄绿格子衬衫，她去云和报到时就穿着这件衣服，后来拍结婚照时，也穿

1956 年，父母结婚照，母亲穿的是离别时外婆送她的衬衫。拍摄于云和照相馆。

着同一件衬衫。

就这样，母亲到了云和，在话务班工作。她与同事七人，被局里的人称为“七仙女”。1958 年，“七仙女”在云和南门大桥拍了一张合影，那时的南门大桥是俊男靓女的打卡地，细细的水草在清澈的河水中招摇，夕阳西下波光涟漪。

母亲与父亲成为同事后，两人接触更多了，郎情妾意，才貌双配，当年便结婚了。现在，他们结婚近七十年，感情还跟年轻的时候一样好。

人间美味是甲鱼

1957 年，姐姐出生；1960 年，我出生；1963 年，弟弟出生。母亲生弟弟时，大晚上一个人腆着大肚子走到医院。医生被吓坏了：“你一个人走路来，要是生在路上，那可怎么办呀？”

三条小生命接连报到，给爸爸妈妈的世界带来了欢乐，也带来了经济上的沉重负担。父母的工资总是不够用，每到月底，要向邻居高妈妈借五元钱，到下月发工资时再还。

1961 年，我刚满周岁，外婆和舅舅到云和看望我们，我们一家人合影留念。没想到，那张合影成了舅舅和我们唯一的合影。他们回到临安后不久，舅舅大病一场，不久去世，一家人陷入极度悲痛中。如果舅舅还健在，现在也是八十多岁的老人了。直到如今，母亲还经常念叨这位活泼可爱的小弟弟。

50 多年前的那场大雪，让我终生难忘。那一天全家人穿上最好的衣服，佩戴好毛主席像章，跑到楼顶上，拍了一张全家福。弟弟的裤子短还带有补丁，那是我穿过的旧裤子。漫天飘雪中，回荡着我们银铃般的笑声。这张照片是爸爸请照相馆的孙照德叔叔拍的，孙叔叔是爸爸好友，拍照没有收费。影像留下了我们一家五口最美好的回忆，可惜孙叔叔已经作古。

童年岁月虽艰苦，但似乎留在心里的，都是美好和幸福的回忆。冬天，我坐在母亲腿上，依偎在她温暖的怀抱里换衣服。物资匮乏的年代，很少有肉吃，有一次弟弟钓了一只四两重的甲鱼，母亲炖好后就拿给我们吃，人间

左图：1966 年，大雪天的全家福。
右上：母亲用过的蒲、历书和“不求人”。
右下：父母用过的“汤婆子”。

美味，至今难忘。半夜，我常常被煤油炉的煤气熏醒；父亲夜班回来烧面条，那香味儿，至今仍时常出现在我梦中……

工作中的父亲总是大公无私。那时十来年才涨一次工资，有一次局里涨工资，话务班只有两个名额，父亲是班长，主动将机会让给两位工作好又年长的同志。那时父亲月工资才三十几块，加一次工资五块，五块钱可以买七斤草猪肉。

我九岁时，有一次放学回家，在路边看到十块钱。那时十块钱相当于普通工人半个月工资，当时的我又紧张又激动。当我把钱交给父亲时，父亲立刻让我把钱交给邮电局食堂，我虽不乐意，但也只能照办。食堂总务收到这十块钱后，还用大红纸写了表扬信，贴到卖菜窗口上，也算是平复了一下我内心的委屈。

母亲心地善良，心里总是想着别人。1953 年，父亲做过一次大手术，之后身体不是很好，血小板一直偏低。那时生活清贫，母亲总是会想办法给父亲炖一些红枣花生桂圆，自己却不舍得吃。有时难得吃鸡，母亲总是把鸡胗夹给父亲，把鸡翅、鸡腿分给我们姐弟仨，对我们说：吃了鸡翅会飞得更高更远，吃了鸡腿跑得更快。而母亲自己就吃剩下的汤拌饭。

1976 年，我和弟弟随父母调回临安邮电局，当时姐姐已下放农村。可一年后，父亲又调回云和邮电局，母亲眼泪汪汪到杭州火车站送别父亲，那段时间是全家最黯然神伤的日子，一个家被分成了两半。父亲和姐姐在那头，母亲、我和弟弟在这头。两年后父亲再调回临安邮电局，三年后姐姐也调回临安，一家人终于团聚了。

重返故里，不识来时路

父亲对于过去的苦难，总是很豁达，他经常安慰自己："我退休时，退休金只有 62.5 块，到现在涨了 100 多倍，7000 多块了，很知足。活着就好。" 1989 年，父亲去北京出差，母亲与他同去。他们第一次去了天安门，父亲在天安门前

左图：1976 年，姐弟仨合影留念。
右图：1989 年，父亲去北京出差，在天安门前留影，完成一生最重要的愿望。

左图：母亲和小花儿
右图：母亲每天记账，坚持了 50 多年。

留影，完成一生最重要的愿望。

父亲退休后，喜欢摄影和电脑，还会网购，用手机付款。他用电脑打完了中国四大名著、《世界文化自然遗产》、《毛主席诗词全集》等 20 多部著作。2012 年，父亲想学汽车驾驶，可因年龄超标只好放弃。后来他买了一辆电瓶车，带着母亲兜风。

我们和左邻右里的关系特别好，母亲常常把自己做的口感软糯香甜的糯米藕送给邻居。过年时，母亲会给表妹封一个大大的红包，因为表妹的退休金低，她总是记挂着妹妹的生活。母亲喜欢热闹，过年过节总要叫我们回来吃饭。后来年纪大了就叫大家去饭店吃，她来付钱。母亲年纪大了以后，家里待不住，最喜欢坐父亲的电瓶车出去逛逛，看看老同事，找老朋友聊聊天。

后来，母亲生病了，父亲陪她去医院。父亲对母亲很细心，会帮她剪指甲，在母亲难过时，温声安慰母亲，但是他有时不注意说话方式，母亲接受不了，偶尔要拌嘴。每当这时，他就会像年轻时一样，赶紧哄母亲开心。

2012 年，父亲骑电瓶车带母亲兜风。

今年，父亲 92 岁，母亲 90 岁。母亲有时会把早上当晚上。经过一家人商量，今年五月，母亲去了养老院。在养老院，母亲常常记挂父亲，写纸条给父亲："长生，家里没保姆，你一个人不要烧水烧饭了，很吃力的，到养老院来吧。"父亲生活还能自理，不愿意去养老院，但他只要有时间，就会去养老院陪母亲。

如今，杭州临安的街头，父亲形单影只，少了母亲的陪伴，多了一份孤独。

1975 年，父母打卡上海复兴公园。

~ 09 ~

圆号吹响的流金岁月

文并图 / 蔡正茂

有一个音乐家爸爸是一种什么体验？在爸爸圆号声中，童年和少年是梦幻的、温润的，我幸福地长大。虽然没有成为爸爸期盼的音乐家，但这不影响爸爸妈妈对我无怨无私的爱。爸爸妈妈将音乐和艺术的种子种在了我的心里，让我有能力感知艺术之美，充盈一生。

圆号融入爸爸的生命

1972 年，父亲进入上海交响乐团工作，一直到退休，这张照片拍摄于上海音乐厅。父亲已记不清拍摄时间。

父亲出生于 1943 年的上海。爷爷年轻时是一名勤劳的工人，而奶奶则是一位贤惠的家庭主妇。他们共同养育了三个孩子，爸爸是他们的第二个孩子。爷爷曾说，他年轻时曾经遇到过很多困难和挑战，但是奶奶一直陪伴在他身边，给他鼓励和支持。而奶奶说，爷爷是她一生中最重要的人，她愿意为他付出一切。他们用自己的一生诠释了什么是真正的爱情和责任。父亲从小就对音乐有浓厚的兴趣，1960 年，17 岁的父亲考入上海音乐学院管弦乐训练班，从此走上职业音乐工作者的道路。

父亲中学时曾吹过次中音号，考入上海音乐学院后，被分配到圆号专业。圆号，又叫“法国号”，被称为交响乐中的“乐器之王”，小提琴被称为“乐器之后”。当时学校乐器不够，大家都把分到的乐器视为珍宝。父亲的圆号是上海管乐器厂造的第一批圆号，他的首位主课老师是原上海电影乐团的首席圆号手。如今，圆号已经伴随父亲六十多年，融入并成为他生命的一部分。

小时候，爸爸曾告诉我，最初嘹亮的号声是打猎用的。号声会让猎物惊慌失措，进入猎人的视野。后来，圆号开始进入教堂，成为一项重要的乐器。欧洲人民的生活，很多与号有关联。例如，德国邮政的标记就是一柄号，邮差经过驿站和村庄时，吹上一嗓子，村民就知道信件来了。

圆号的音区比一般的管乐器丰富，在交响乐团中，圆号有时静默，有时嘹亮，有时要给全团打底色，即便等候的时候，圆号手也要高度集中注意力，因为需要在克制中爆发，柔和中坚持。职业圆号手往往冷静、克制、蓄势待发，富有挑战精神和百折不挠的特质。父亲吹号几十年，圆号的精神气质完全融入父亲的性格特点中。

不知道是父亲的性格适合圆号，还是圆号铸就了父亲的性格。从小到大，父亲是相当靠谱的。无论单位的事，还是我的事，妈妈的事，父亲总是言必信，行必果，从不打诳语，也很少去麻烦别人。父亲的性格，某种程度上，也对我产生了影响。

圆号是一种很难的乐器。现在想想，父亲经年累月地练习，多么不容易，但我从来没有听他抱怨过。对于圆号，我想父亲一定是隐忍、坚持和热爱吧。

1960年秋天，父亲刚刚考入上海音乐学院，和圆号专业的几位同学，拿着刚领到的乐器，兴奋地在学校草坪上拍照留念（前排中是我父亲）。

很小的时候，爸爸总给我放莫扎特的音乐，后来我长大才知道，音乐精灵般的莫扎特，竟然也独爱圆号，他曾经写过四首著名的圆号协奏曲。莫扎特的音乐是童话般灵动的，他似乎一直在拒绝长大，仿佛唯有圆号独特的音色，才能将他的青春留住。

德国人把自然圆号称作“森林号角”，可见这种乐器身上带有多么浓烈的森林、高山牧场和草地的气息。爸爸的圆号声一响起，我的心便会从上海窄窄的弄堂里起飞，飞向森林、高山和湖泊。我小时候特别爱哭，妈妈那时候要上班，只有爸爸一个人带着我，而爸爸每天需要练圆号，奇妙的是，只要他一吹号，我就不哭了。

看到我对音乐如此着迷，爸爸曾以为我能继承他的圆号事业，其实我只是喜欢听，不喜欢练习。十几岁的时候，爸爸想让我学圆号，我不学。放暑假的时候，爸爸逼着我学，我就偷偷把爸爸吹圆号的小喇叭藏起来，结果导致爸爸出去演出的时候，发现喇叭没了，还好同事借了一个给他，圆满完成了演出任务。回来之后，爸爸把我揍了一顿！

岁月赋予妈妈沉静的美

我的外婆名叫柴宝善，是一位音乐老师。她会弹钢琴，拉手风琴，还会弹西班牙吉他。年轻时的外婆很时髦，爱打网球，家境也很好。

母亲柴丽真出生于 1947 年，是外婆的第三个孩子。母亲 1968 年毕业于上海纺织工业专科学校，之后顺利进入羊毛衫厂工作，一直工作到退休。母亲是一个淳朴的人，她的生活简单而真挚，她的笑容温暖而含蓄，总能驱散我心中的阴霾。

小时候，家里并不富裕，但母亲总能变着法儿地为我们做出美味的饭菜。有一年冬天，我深夜发高烧，母亲背起我，冒着严寒去医院。她的影子在昏黄的灯光下，显得那么坚定和勇敢。

岁月在她身上留下了痕迹，却也赋予了她一种沉静的美。那是一种从内

左上图：外婆喜欢打网球。
左下图：外婆在家中弹钢琴。
右图：20 世纪 50 年代，母亲兄妹四人在上海合影，最后面那个女孩就是我母亲，这是兄妹四人仅存的小时候照片。

而外散发的光芒，不耀眼，却持久。她常常在忙碌的一天后，坐在灯下，一针一线地为我们缝补衣物，每一针每一线都充满了爱意。

她的话语不多，却句句饱含深情与智慧。有一次，我在学校受了委屈，回家哭诉，母亲只是轻轻地抱着我，告诉我："人生有风调雨顺，也有狂风暴雨，我们只要对得起自己的良心就可以。"

在母亲的世界里，没有华丽的辞藻，只有实实在在的付出与默默无闻的奉献。她用自己的行动教会了我什么是坚韧，什么是责任，什么是爱。

1971 年，父亲母亲经人介绍认识，1975 年正式结婚。父母年轻时都很喜欢拍照，好朋友中也不乏摄影高手。这对郎才女貌的佳偶，就成了摄影师好

1971 年，妈妈在学习。

友的模特。那时候还没有我，父母出门不带拖油瓶，潇洒自如。

1976 年，我来到这个世界。在那个物资匮乏的年代，父母总是想尽一切办法把最好的给我。我到现在还记得，读书的时候，中午回家吃饭，由于赶时间，父亲做饭基本都是煮面条。每次我的那碗面上总有一个荷包蛋，父亲则是一碗光面。

读初中的时候，我想学骑自行车，母亲极力反对，说我调皮容易出事，直到现在我也不会骑自行车。那个时候很不理解母亲的做法，现在想想，或许这就是母爱的某种表达吧。

重回父母身边

一转眼，我工作结婚，有了自己的天地，和父母的交流开始变少。有的时候一周也想不起和他们联系，每次打电话，我总是没几句就挂了电话。2008 年，母亲身体不好，这忽然让我意识到，应该多为父母做点什么。于是

上图：小时候逢年过节下馆子的概率是很少的，基本都是一起回外婆家吃饭。那个时候大家在一起，其乐融融的感觉真的很棒，照片是 1981 年 10 月 1 日拍的。

下图：1983 年春节，母亲与我在家合影留念，母亲拍照不喜欢笑，我也一样。

和太太决定搬到我父母家附近，照顾他们方便一些。当我重新回到父母身边时，忽然发现，爸爸妈妈已经慢慢变老了，白头发也多了，变成了老父亲、老母亲了。

如今，我和父母的互动很多，有时间就带爸妈出去走走，和他们多聊天。父亲经常说，我和你母亲平平淡淡一辈子，老实做人，其他没什么要求，只

左图：父母的合影，亮点是桌上的饮料，20 世纪 80 年代中期的时候，这种国产饮料开始进入老百姓的家。
右图：2020 年第一天，我带父母外出吃饭。

要求你和杨茹（我太太），身体健康，别太劳累就可以了。

现在，我每天出门，母亲还是会关照我：天冷多穿一件衣服，出门注意安全。回家晚了，她也会和我联系，问我几点回家。在他们的眼里，我永远是一个孩子。

再次翻看这些老照片，无限感慨，感恩上天的安排，让我有幸成为爸爸妈妈的孩子。

1952 年 6 月，父母结婚照，拍摄于昆明。当时母亲还有两个月才 18 岁，父亲 33 岁。

~ IO ~

我的“亮剑”父亲

文并图 / 张红卫

我的父母都是军人，在漫长的军旅岁月中，他们磨炼出钢铁般的意志和大无畏的勇气。父亲从红军时期就开始参加革命，身经百战，战功赫赫。夜深人静的时候，父亲经常独自想念曾一起战斗的战友们，对父亲来说，活着，也许就是老天给他的最贵重的礼物，他要替牺牲的战友们好好看看这世界。

父亲戎马一生，历经百战。1955 年，父亲被授予中国人民解放军三级解放勋章和三级独立自由勋章；1988 年，被授予中国人民解放军二级红星荣誉勋章。父亲从来不跟我们主动提自己的事情，在记者采访和战友来访中，我们才能听到一些他的往事。

神秘的皮箱里装满了父亲的军功章

1955 年，南京军事学院授予父亲中校军衔。

父亲的勋章

1936年,父亲17岁,在范筑先将军(山东馆陶人,与日寇殊死搏斗中壮烈殉国）的号召下，义无反顾地加入中共地下党组织的“民族抗日青年先锋队”,并参加范将军组建的馆陶县抗日独立团（后列入八路军冀南军区第八旅）。

1940 年 10 月，根据冀南军区指示，从各旅团抽调一大批战斗骨干进军区教导大队学习深造，父亲被选调。军区教导大队学习毕业后，父亲被分配到八路军一二九师三八六旅任二十团一营一连三排任排长，电视剧《亮剑》的故事素材正是源自一二九师三八六旅，其前身是红四方面军三十一军。

1945 年夏，八路军三八六旅二十团开始攻打形如宝塔的磨盘山。磨盘山是一座七八十米高的土丘，形状像一座多层磨盘样的天然宝塔。日伪军的一个大队就在这座独立的山丘上，修筑了多层能打、能藏、能生活、能攻、能守的阵地。

时任一连副指导员的父亲指挥全连从正面实施突击。父亲发现，敌人地堡与地堡之间以及地堡群之间，都由加木料掩盖的暗沟相连接。于是,他把三个排长叫来，从暗沟中向前运动，从地堡入口处用步枪手榴弹消灭敌人。为避免发生误伤，干部战士左臂上系上白毛巾为记,班排长联系以长短哨声为号。最终，一连以极小代价（牺牲 1 伤 3）攻占

左图：1945年9月，部队为攻打山西长治城进行攻城演练。
右上：1953年，父亲在南京军事学院学习时用过的皮包。
右下：父亲授衔时穿的礼服。

了敌人的十七个地堡。

向第二个磨盘发起进攻时，山腰、山顶的日军凭借着地形的优势，在碉堡拼命抵抗，战斗变得相当激烈，双方打得难解难分。二十团由下往上攻击，受阻后伤亡不少。危机之下，我方决定发起强攻，父亲命令三排搭人梯冲上去，他第二个冲上梯坎。刚站起来，敌人的机枪子弹射来。父亲和战士常凤岐同时中弹，从第二层滚了下来。

磨盘山一战，父亲伤得很重，子弹贯穿肺部，离心脏只有1厘米。在老百姓家里养伤时，由于缺医少药，伤口严重感染生蛆。老百姓用煤油给他清洗伤口，疼痛且无法达到疗效，最后多亏游击队找了个日本军医才治好。

左图：1950 年，父亲和顾问团的战友们在越南援越抗法时照片（中间为父亲）。
右图：抗美援朝纪念口缸

小时候，父亲带我去澡堂洗澡，我看见父亲的背后，有一大块肉已经没有了，凹陷进去，但身上有这么重的伤，父亲却从来不跟我们家人说。因为肺被打穿，父亲走路总是大喘气，呼吸困难，很难受。

1945 年 9 月，父亲伤口刚愈合，便从医院回到连队，几天后被任命为一营一连连长，在团长楚大明带领下参加上党战役，在攻打长治战斗中，受到了陈赓司令员的表扬。

1950 年初，越法战事告急，应越共中央主席胡志明的请求，中央军委派出以韦国清为团长的军事顾问团，陈赓担任中共中央全权代表，到越军帮助工作，履行国际义务。十三军副军长陈赓派三十七师副师长吴效闵为他遴选越军师团营的顾问，父亲等人被选作为十三军顾问团成员。顾问全部都是敢冲敢打，清一色一人吃饱全家不饿的光棍，配备最好的美式装备参加抗法援越战争。当时每个顾问的标配是派克笔、手表、便服和皮鞋。

1950年7月，父亲一行人从麻栗坡县船头进入越南河江省境内，到达高平广渊县，这里是越共中央和越军总部的驻地。七八月的越南，森林密布，气候炎热潮湿，丛林中蛇、老鼠、蚊虫、蚂蟥特别多，条件异常艰苦。在中国军事顾问参与指挥的越南东溪战役胜利后，中国军事顾问团在越军队的威望陡然升高。法军勒巴热、萨克东两个兵团被歼后，中越边界上的法军防线全面崩溃，西北中越边界的许多地区均获得解放，达到了发动边界战役的预期目的。

1959年，父亲任文山军分区副司令员。分区转业的干部战士、职工都知道，有困难找到父亲，有求必应。“文革”时期物资匮乏，一位退职回家的职工需要酒泡药，收到来信，父亲立马买了一桶酒给带去。还有一位转业到贵州的干部得了肝癌，买不到药，寄信给父亲，父亲马上找到医院院长买了几支急用药寄去。这些在当时很难办的事，只要能做到的，父亲都会克服困难去办。

父母的感情，藏得深而密

我的母亲杨美英，1934年8月出生于云南省砚山县稼依镇。1949年8月，母亲参加云南边纵护乡独立十一团（后改编为三十七团）独立三营七连，任文化教员。1951年，三十七团整编为文山边防基干十二团，母亲在卫生队任护士班长，1952年7月，调十三军三十七师卫生营任护士。

上图：1953年，19岁的母亲，穿着帅气的篮球队服。
下图：母亲绣的毛主席像

1951 年，17 岁的母亲（前排左二）和战友在昆明合影。

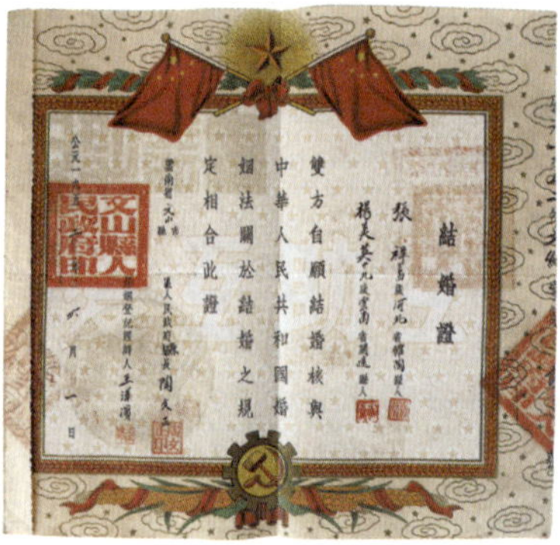

結婚證

雙方自願結婚核與
中華人民共和國婚
姻法關於結婚之規
定相合此證

文山縣人民政府

左图：1952 年，新婚的父母在昆明圆通山合影。
右图：妈妈珍藏的结婚证书

母亲在部队期间是文体骨干，是三十七师的女子篮球队主力队员，打中锋，曾代表三十七师参加部队组织的女子篮球赛。1955 年 5 月响应部队号召复员。

母亲在文山边防基干十二团卫生队任护士班长时，经人介绍，认识了父亲。1952 年 6 月，父亲和母亲喜结连理。父母的婚礼只请了些好友吃了一顿饭，好友送了一面锦旗，上面写了他们的名字。婚前父亲什么礼物都没有送给过母亲，婚后，父亲将自己的一张照片、一支派克笔和一块瑞士手表送给了母亲。

母亲从部队复员后，专心致志操持家务，解决父亲的后顾之忧。父亲对母亲体贴入微，有时间也帮母亲做一些家务活，他用竹子、木头等做的一些生活小用具，家里至今都还在用。他为母亲用藤条做了一个拐杖，母亲一直在用。母亲经常和我说起，这个拐杖就是父亲专门为她做的，长短刚合适，又轻又结实，好用得很。

自从有了孙子后，父亲开心得不得了，经常把小孙孙的照片装在身上，碰到熟人就拿出来给人家看看，那高兴劲儿，跟小孩吃糖似的甜。从枪林弹雨中突围活下来的父亲，享受天伦之乐，比常人更觉得甜蜜。

母亲在部队时是文体骨干，到干休所后，经常参加部队、干休所和社区组织的门球、太极拳、太极剑、柔力球、唱歌、跳舞、麻将等各种文体活动，并且都是主力，还曾经拿过全国老年人麻将比赛第十名。父亲住院时，除了病重期间外，其他时间全是母亲在医院 24 小时照顾。我们去医院看他，坐一会儿他就撵我们走。

父亲南征北战的经历和《亮剑》电视剧主角李云龙如此相似，母亲看了五六遍《亮剑》，每看一次，都感慨万千，说好像看见了父亲。

我的父母都是军人，他们坚强、严谨、纪律性强，对我们的教育严格。他们对子女的爱都埋在心底，从不轻易表露出来。记得我刚参加工作时，父亲对我说的第一句话就是："好好工作，任劳任怨，争取早日入党。"

时光如梭，转眼父亲已经离开我们二十年了。和父亲一起出生入死，冒着炮火前进的叔叔阿姨们，还在世的也越来越少。父母是我人生的灯塔，不

左图：1970 年，在文山军分区全家照，最大的毛主席纪念章给哥哥戴上。
右图：1998 年 3 月，昆明，全家福，80 岁的父亲抱着双胞胎孙子中的大双、母亲抱着小双。

仅照亮了我，也照亮了周围的人。在他们的身上，我看到了家国情怀和军人精神之美，让我感受到自己的使命与责任。

不管历史的车轮如何前行，父亲这些先辈们，不应该被忘记。生命的终结不是终点，遗忘才是。我想，父亲为共和国付出的血和汗，战友们付出的生命，都会化为不朽的精神，一定会被后人永远铭记。

1997 年，父母在自家厂房天井的合照，那一年爸爸 46 岁，妈妈 37 岁。

~ II ~

永远青春的老爸老妈

文并图 / 赵程语（CHENG 赵澄玉）

我曾经是一名歌手，职业生涯和生活中有太多的遗憾，太多的不如意，但只要音乐响起，我依然忍不住歌唱。托举我的梦想，并让我勇敢追梦的，是我最爱的爸爸妈妈。无论我想学习什么，从事什么行业，我的爸爸妈妈都说："不要留遗憾，大胆去做吧！"

我一直觉得我妈很美，我爸很帅，他们一直年轻、活力四射。前些日子，我给爸妈拍照，突然觉得爸妈老了，心中隐隐作痛。翻看家里的相册，看到一张爸妈在自家天井的合照，右下角的日期是 1997 年 5 月 2 日。那时爸妈还年轻，脸上没有皱纹，我多希望我的爸爸妈妈，永远这么年轻、青春。

全家的福星

大约 1980 年，19 岁的母亲，风华正茂，在绍兴诸暨朋友的照相馆拍摄。

1982 年夏天，在爷爷奶奶的老房子天井内，30 岁的父亲和我哥。

我的老家在美丽的西施故乡——浙江诸暨，爸爸比妈妈大九岁。我爸年轻时，唇红齿白，鼻梁笔挺，很是帅气。那个时候我爸是生产队队长，收入也比其他人高，自然成了那时候女孩子眼里的香饽饽，倒追我爸的女孩子都快排到村口了。

我妈虽然比爸爸小九岁，可生我时也不年轻了，因为我还有个比我大八岁的哥哥。关于臭美这方面，我完美地遗传了我妈妈。听我妈说，她小时候家里有好几个兄弟姐妹，可家里的碗总是她洗，某天晚上又轮到她，心里委屈直接哭了，可瞬间又把眼泪收了回去，理由是刚擦完面霜，怕把脸哭花了，我听了哑然失笑。

听说生我那会儿，“计划生育”政策很严，就在我出生那一天，计生人员临时过来，我妈正门出不去了，无处躲藏，就跑到二楼窗户边，我爸先跳下，在下面接住了我妈，没多久我就降生了。我听着他们给我讲这段故事，都替他们捏把汗。至今我的这段传奇出生经历，还会被亲戚朋友、左邻右舍翻出来津津乐道。

爸妈说，我是全家的福星。自我出生之后，家里所有生意上的事都格外顺利。

左图：1991 年秋，我们一家四口在照相馆拍的第一张全家福。
右图：五六岁时的我和妈妈在照相馆合影，拍摄于诸暨的照相馆。

从小锻炼的老爸

我常常觉得我爸如果小时候有书读，受过良好的教育，他应该会是一名很威武的军人。我爸只有小学二年级的文化水平，因为我爷爷做过国民党的文秘，他小时候没少被家里牵连。新中国成立前夕，家里很多亲戚都去了台湾，我爷爷没走，后来爷爷被抄家、批斗。那时我爸只有九岁，直接被学校退了学。

听我爸说，那会儿不管他走到哪儿，都有人拿石头砸他，骂他是反革命的儿子。当时我爸还小，根本不懂政治上的事，只觉得其他小朋友都联合起来欺负他一个人，为了不被人欺负，他开始锻炼身体，施展拳脚。用现在的话说，我爸很小就开始健身了，虽然现在年纪大了，但几十年如一日的健身，他身上的腱子肉依然坚硬如铁，手指根本摁不动。用我爸自己的话说："两三个青

2023 年 4 月，妈妈整理完仓库，洗干净手在办公室擦护手霜。

壮年一起，都不是我的对手。”事实也确实如此。

我爸虽说文化水平不高，可他还是挺好学的，我爸读完了四大古典名著以及古今中外的许多历史书。我爸还勤练书法，我常常被人夸的一手好字就是我爸教的。

爸妈经营的快乐袜厂

2000 年我家开了袜厂，在我们那片工业区，基本都是女人当家，妈妈负责袜子的生产管理和销售，爸爸负责工厂的后勤保安，因此妈妈特别辛苦。旺季的时候，妈妈白天在义乌国际商贸城接单，晚上回厂就和工人一起打包发货，车间油污和尘絮多，所以妈妈在家的时候，都是围着围裙的，几乎就没有歇着的时候。晚上，我爸一个人先吃晚饭，赶着去“搓麻将”。

最近回家，我总觉着妈妈还是原来那个妈妈，而爸爸好像已经从一个英俊潇洒的壮年变成了一个小老头儿了，不禁感慨岁月的无情。

好在我天生乐天派，哪怕爸爸不再年轻，但在我心里，他依然风采不减当年，用我爸自己的话来说：“上山打老虎都不怕！”每当这个时候，我妈肯定会补上一刀：“老虎是国家一级保护动物，你现在去打老虎，马上就‘进去’

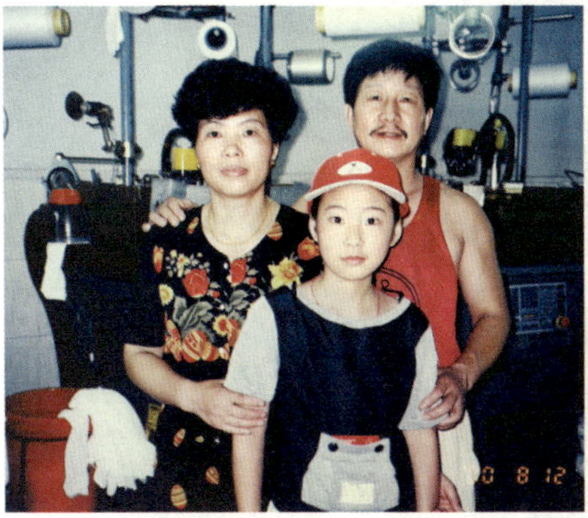

左图：2000 年 8 月，我和爸妈在自家袜厂的合影。
右图：2023 年 4 月，爸爸妈妈在自家厂房天井的合照。

了”。神补刀！我们只有“听戏”的份儿。

我爸喜欢各种运动，其中最擅长就是乒乓球了。在老年活动中心，我爸自称第二，没有人敢说自己是第一。我回家的时候，偶尔会去现场观摩，我妈也会一起来围观，连我家的小狗乐乐也形影不离地跟着我们当观众。每次中场休息间隙，我爸还不忘和老友分享技巧，然后悠然地点上一根烟，等着继续上阵。

这就是我的家，没有发生过什么大喜大悲的事情，每一天既平淡又快乐。我希望穿着围裙的妈妈和运动健将爸爸，永远开心、年轻，不管时光过去多少年，爱与希望一直在我们家庭沉淀，化为一首不老的歌。

1973 年冬日周末，一家人在杭州花港观鱼的牡丹亭前合影。

~ I2 ~

琐碎生活的“军功章”

文并图 / 江洁霞

2021 年，84 岁高龄的父亲获得了一枚珍贵的共和国纪念章，这是国家给在平凡岗位上耕耘半世纪的父亲的最高荣誉。

记得父亲第一次拿回荣誉时，母亲曾戏说道：“这军功章是不是该一半一半啊？”父亲笑着说：“那是当然。”

当父亲再次获得荣誉奖章时，母亲喜滋滋地说道：“呦，这次我可要拿 51% 了。”父亲依然是笑着说：“必须的。”

而当父亲将这枚共和国纪念章拿回家时，抢先跟母亲说道：“纪念章整块都是你的！”

过去的 60 年里，母亲照顾家人、操持家务、支持父亲工作。父亲常说：“不仅纪念章，家里的一切都得归功于母亲。”

英勇就义的爷爷

我的爷爷江剑英是一名“职业律师”（时称“师爷”），因笔杆犀利，人称“一支笔”。抗战初期，爷爷为江阴第一支抗日游击大队成立做出过贡献，他开酱油店做掩护，为我党传递情报。

抗战爆发后，江阴沦陷。爷爷作为主导人之一，组织抗日难民武装自救。自救中，两位骨干被国民党少将、后投降日伪的张少华的保安第四纵队杀害。1937 年 12 月的一天，爷爷找张少华讨要说法，被残忍的汉奸秘密杀害，沉尸长江南岸。

2015 年抗日战争 70 周年之际，江苏常州市政府在常澄路上，为包括爷爷在内的江阴抗日英烈修建纪念墙。当年清明时节，父亲率全家到那里与爷爷“见面”，祭奠缅怀。

爷爷牺牲的时候，父亲才十个月大，爷爷的故事，都是听家人口口相传，翻阅文献得知一二。对我们而言，爷爷从未离去，他勇敢、正义、威武、慈祥，一直活在家人心中。

爷爷的血不会白流，如今祖国繁荣昌盛，国泰民安，爷爷不屈的斗志，一直鼓舞着我们。

父亲自学成才

父亲江岳雏，1937 年出生于江苏江阴璜土，打小随孤母艰难度日。14 岁的父亲小学毕业，随姐夫来到杭州，白天跟师傅学机械加工、设备制造，晚上读夜校。三年后初中毕业，升入高中。1956 年，高中停办，父亲成了夜校老师，因工作勤奋，还被评为优秀教师。

之后，父亲又报考了带薪技校，被单位派往上海，参加全国培训班。借助这些断断续续的教育机会，一直自学的父亲成长为医药行业的设备专家。

1960 年，父亲 23 岁，摄于杭州。

1974 年，母亲在浙江新华印刷厂的工作照。

父亲全程参与了民生药厂（杭州第二制药厂的前生）第一车间改扩建，当时各种工业设备、材料物资极度匮乏，许多设备零部件、加工机床都要自己动手造。小时候，大人们总说："你爸爸对厂里每个螺丝都了如指掌。"1980 年，父亲从调度员一跃成为杭州第二制药厂（1989 年更名为杭州华东制药厂）副厂长兼动力科科长。后来，父亲作为中方代表，参与美国默克公司的合资谈判。经过两年多艰难谈判，1994 年 6 月，杭州默沙东制药有限公司挂牌成立。

每个工作日，父亲总是提前一小时坐在办公桌前。一周要轮两三次夜班，遇到设备大修，会连续几日不能回家。家中的所有重担，都落在了母亲肩上。

跟父亲相比，我们的童年和青少年的时光是幸福温暖的，有时候还会被父亲耍弄，现在想起来也觉得很有趣。

初中时刚学会骑车的我，缠着父亲让我骑车上学。当时家里穷，父亲没有直接拒绝，而是说："要骑车，安全第一，必须通过我制定的路考。"为防父亲事后变卦，我特意写了张承诺书，要求父亲签字。大致内容是："路考合格后，父亲同意让我骑车上学。"

路考勉强及格，拿出承诺书时，才发现多了一个"不"字，成了："路考合格后，父亲不同意让我骑车上学"。我在"父亲"和"同意"两词之间换行，被加上了"不"字。自此，我便对断句位置有了十分深刻的理解，骑车上学的梦想就此落空。

我们兄妹三人，年龄相差不大，小时候总是吵吵闹闹。当彼此都觉得十分委屈，需要父亲裁定时，父亲很少用对错来简单评说，而是告诫我们："戏演半场停下来，各自思考一下，有则改之，无则加勉！"

母亲的持家智慧，让全家安然度过艰难岁月

母亲胡美珍，1943 年生于杭州，因外婆在上海打工，母亲成了留守儿童。1951 年，8 岁的母亲独自一人去上海看我外婆。外婆的同事提醒道：这孩子该上学了。回到杭州的母亲插班进了混堂桥小学，后毕业于杭州第十二中学。为方便母亲上学和照顾两个弟弟的生活起居，外婆把自己的手表给了母亲。这块手表成了外婆对母亲最好的时间观念启蒙。

母亲家附近的制药厂有个帅小伙，经常来串门，不久便成了母亲的姑父。之后，这位姑父被调往了父亲所在的制药厂担任党小组组长，结识了厂里的一个生产小组长——我的父亲。在他的牵线下，1963 年，父母迈入婚姻殿堂，后我们兄妹仨接连出生。

20 世纪 60 年代，全国物资匮乏，我家也不例外。籼米便宜，做饭硬；粳米贵，做饭软糯，母亲便将粳米和籼米掺和在一起，并尽可能提高粳米的比率。家里还养了两只下蛋鸡，为数不多的鸡蛋用来补充营养。为了供我们读书，母亲刚交完这个学期的学费，就开始筹集下个学期的学费。因为计划在前，我们的学费从来没有拖欠过。

参加单位疗养，母亲舍不得花一分钱，同事看不过去，请她吃了根冰棍。买什么都凭票的年代，长身体的我们都爱吃肉，尤其爱吃瘦肉。于是，母亲便将精肉和肥肉搭配着分到每个人的碗里。用配给制遏制挑食、浪费，如今已成我们特有的家规。

母亲有个外号——"胡时珍"，每当我们身体不舒服，母亲总说应该吃什么药，食补点什么。父亲便在一旁戏称道："又在'开方子'了。"其实去医

左图：1981 年，在母亲单位门口，哥哥和母亲合影。
右图：1987 年元旦，父母在西泠桥上。

院看病时，医生的建议也是如此。

虽然只是初中毕业，可母亲对地理知识的熟悉程度，总让我们自叹不如。母亲对央视的《地理中国》栏目钟爱有加，因此有了颗旅游的心。无论是国内的新疆、西安、厦门、海南、香港，还是国外的俄罗斯、澳大利亚、新西兰、柬埔寨、日本，我们都一起走过。

退休之后，生活更精彩

父亲年少时做过钳工，退休后开始钻研木匠活儿，需要什么材料和配件，都是网上自己买。父亲手机购物用得很溜，还会跟店主聊天讨论，年轻人看了都觉得惊奇。

2016 年冬天，父亲捡来一堆板材，做成两个巨大的货架。因为父亲姓江，

左图：2023 年，父亲自制的板材贴边机、钻床。
右图：2023 年，母亲在家中用心爱的地球仪看世界。

母亲姓胡，从此父母家便有了个雅号——“江胡超市”。

父亲有个爱好——钓鱼。年轻时，只有单休，他摸黑出门，骑上四五个小时的自行车去钓鱼。这便是母亲唠叨了半个世纪的话题——好不容易盼来个休息天，又不帮忙带孩子做家务。

父亲对体育的热爱超乎想象，每逢体育大赛，他会提前上网搜索赛程，做好笔记。遇到不同频道放不同比赛时，父亲会将电脑、iPad、电视等一字排开收看比赛。很多冷门项目的比赛规则，父亲都能如数家珍。

1997 年，母亲在小区里种下四棵不到 20 厘米高的香樟树苗。为防止它们被当成杂草除掉，母亲将树苗分别栽种在三个单元楼前的小花园里，剩下一棵种在了河边。如今，四棵香樟树都已枝繁叶茂。

香樟树是寿命可超千年的树种，四棵香樟树在母亲的呵护下茁壮成长。每到香樟树芬芳馥郁的季节，都让我回想过去，好像看到年轻的母亲在花园中修剪，照顾这些小苗，如同当年照顾我们一样。

无论是起床、睡觉，锻炼身体，还是一日三餐，父母就像闹钟一样准时，

外婆送给母亲的手表，
母亲一直保存至今。

对油盐糖的控制也一丝不苟。“我要过好生命中的每一天。”这是父亲的口头禅。每天，母亲在小区里快步走 5000 步以上；父亲不擅走路，就在家做按摩操，从头到脚做一遍，然后打一套太极。

父亲是一个活到老学到老的典范，2006 年，国家放开驾驶证申领年限至 70 岁时，父亲已经 69 周岁了。他十分珍惜这个难得的机会，认真准备，每一场考试都一次性通过。70 周岁前，父亲如愿领到了驾驶证，也有了属于自己的汽车。

母亲是无私奉献的行动派，很少说“爱”这个词，无论父亲的工作，还是我们的成长，她总是直接用行动给予关怀和支持。

感恩所有，让我们今生有幸成为爸妈的孩子，祝福你们永远健康、幸福。

2006 年 7 月，北京平谷区金海湖镇，父母参观当地山坡上的桃园后，坐着三轮车下山。

~ 13 ~

十字铺茶场：父辈的汗水与我的乡愁

文并图 / 杨伟

我的家乡十字铺，位于安徽省宣城市郎溪县境内，地理位置优越，有着“三省通衢”的美誉。我的祖辈世代栖息在这片土地上，美丽的茶场里承载着我们家所有的记忆。长大以后，孩子们奔向四方，父母始终离不开这片土地。每每收到爸妈寄来的瓜果蔬菜，我的内心都五味杂陈。

爸爸妈妈的人生故事，既是一段历史，也是我生命里最重要的回忆。洒满父辈汗水的十字铺茶场，那是我离不开又回不去的故乡……

知识青年奔赴茶场

在大约百年前的十字铺，有一个杨姓大家族，杨姓家族在当地算得上生活殷实，人丁兴旺。爷爷奶奶育有五个孩子，我父亲排行第三。

父亲早年上私塾，后来上到初中未毕业就辍学了，跟随三叔外出闯荡。听奶奶说，父亲出门时哭得很厉害。直到 1965 年，18 岁的父亲经人介绍，结识了 17 岁的母亲。同年在十字铺顺年候村结婚成家。

1953 年，十字铺的一些村庄被划归到了“安徽省宣郎广机械化农场”。那时，整个农场都充满了生机与活力。1958 年 12 月，农场荣获了国务院颁发的周总理签名奖状，这让每一个农场人都感到无比自豪。那张奖状仿佛成了一块金字招牌，直到 20 世纪八九十年代，农场的商户们在外经销茶叶时，还会

1960 年 8 月，来自全国各地的建设者们在农场机关门前合影。如今，照片中的叔叔阿姨们普遍已经七八十岁，其中一部分人留在当地生活，一部分人返回自己的家乡。

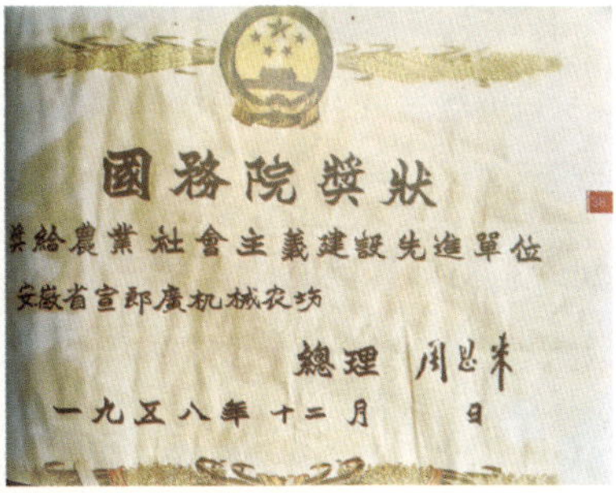

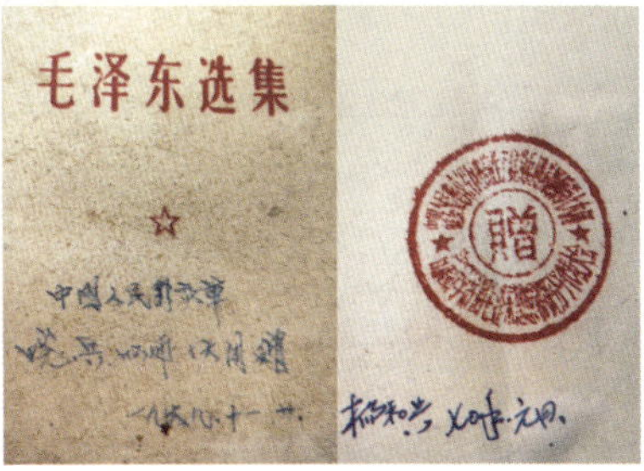

左图：1988 年 9 月，我 10 岁生日的全家福，拍摄于十字铺茶场二分场十七连队。前排是父母亲和我，后排自左到右依次是我的大姐、三姐和二姐。
右上图：1958 年 12 月，农场收到国务院颁发的周总理签名奖状。
右下图：1969 年 11 月，父亲参加十六兵团“学习毛泽东思想积极分子”代表大会，并获赠毛泽东选集一份。至今父亲仍将这本选集保存在他的床头柜里，连书本外壳都保存得完好无损。

复印这张奖状，张贴在店铺门前，吸引着络绎不绝的顾客。

那些年，国家号召“上山下乡”，支援农村建设。于是，从 1958 年到 1972 年，来自上海、蚌埠、阜阳等地的知识青年，甚至还有美国青年，都陆续来到十字铺茶场，与当地的农民们一起辛勤耕耘。1966 年，19 岁的父亲和 18 岁的母亲也加入了农场的大军，开始了他们的奋斗历程。

从 1968 年大姐的出生开始，我们家便热闹起来。父母共同养育了三个姐姐和我，我们四个孩子给这个家带来了无尽的欢声笑语。我 10 岁生日那天，父亲的朋友特地从镇上赶来，为我们拍摄了一幅珍贵的全家福。我们在家门口挂上了一块蓝色花床单作为背景，那一刻，镜头捕捉到了我们每个人脸上洋溢着的幸福笑容。

1969 年 9 月 17 日，农场迎来了新的转变，正式改建为“中国人民解放军南京军区安徽生产建设兵团四师十六团”。1975 年 6 月，兵团建制被撤销，改为“安徽省国营十字铺农场”。

沉默而进取的父亲，烧得一手好菜的母亲

父亲先后担任过连队司务长、会计、工会主席、生产队长等职务，直至退休。在几十年的工作中，父亲曾先后获得“工会积极分子”“先进生产工作者”“优秀党员”等荣誉。

父亲所属的十七连队是兵团为数不多的农业生产连队，主要种植水稻、小麦以及油菜等农作物。父亲积极学习农业知识，获得了“初级农业技术员”证书。他还曾受上级委派去江浙等地学习其他农业副产品的种植技术，不断提升自己的专业能力。

1992 年，为发展连队农业多种生产经营，父亲带着单位介绍信，带领十七连队的同事前往浙江余杭县（今杭州市余杭区），学习甘蔗种植技术。后来因故未能实现甘蔗种植产业，父亲多年后说起这件事情时，内心依旧感到很遗憾。

父亲是一个寡言少语、性情温和的人。小时候，母亲在连队一处水塘边种植了一片小菜园，每日抽空去菜园锄草浇水，家中蔬菜实现了自给自足。有一天清晨，母亲发现菜园里的蔬菜全部被人连根割断，抛弃在旁边的水塘里。

后来得知，是因为父亲在工作上坚守原则，连队里有人不满，跑来祸害我家菜园。堂叔听说此事后，要去找人理论，被父亲拦了下来。领导得知此事，专门派人给我家送来了很多鱼肉以及蔬菜，以作安抚补偿。

母亲在家中排行老大，外婆在世时，经常念叨说母亲小时候非常聪明，但饥荒年代，无力供母亲上学，这也成为外婆心中的遗憾。

1989年，父亲（右三）与二营各连队的同事在十八连队的茶园边合影留念。

结婚后，母亲跟随父亲到兵团连队生活、工作，在大集体里插秧、种地、挣工分。母亲性格开朗，积极好学，乐于助人，与父亲的性格形成了鲜明的对比。后来，母亲被推选为人大代表，前往省会合肥参加安徽省人民代表大会。

母亲烧得一手好菜，周边乡邻家里有红白喜事的，都会请母亲去烧酒席，那时候都是免费帮忙，结束后东家会送一些烟酒以示感谢。后来，农场成立了淀粉厂，母亲从连队调到厂里食堂做了厨师。

随着我和三个姐姐逐渐长大，尤其在我上初中后，整个家庭的开支逐渐变得沉重，仅靠微薄的工资难以支撑。于是1993年父母东拼西凑两万块钱，在远离连队的分场场部，建造了一座200多平方米的平房，开了一家饭店，取名“茶海饭店”。从此，母亲做起了饭店厨师，父亲忙里忙外，工作之余帮忙经营饭店。

我成年后，母亲说：“你上大学的钱，都是我用锅铲一点点铲出来的。”这句话让我深刻地意识到母亲的辛勤付出和对家庭的巨大贡献。

在长达十余年的时间里，父母在此经营饭店生意。2015年，父母从饭店搬到十字铺茶场职工保障房里居住，这处老房屋逐渐荒废。

2022年春节，在十字铺茶场的家中。

父母的爱心快递

从1965年到2024年，父母已经结婚59年了，今年爸爸77岁，妈妈76岁，青年时期在农场集体挣工分，中年时搬家开饭店自主创业，现在仍尽力为我们的生活提供便利。爸爸妈妈所有的生活和工作，都是围绕茶场进行的。

父亲喜欢看电视、养花、散步。母亲喜欢料理小菜园、打麻将、跳舞。父母居住的保障房小区里的邻居都是十字铺茶场退休职工，叔叔阿姨们没事就到小区外的荒地里挖土浇肥、种植蔬菜，仿佛又回到自给自足的年代。隔一段时间，我就会收到爸爸妈妈寄来的食物，无论我在哪个城市工作生活，他们都担心我吃不好。母亲寄来的爱心快递里有她种植的南瓜、丝瓜，还有自己制作的咸鸭蛋、辣椒酱以及酒酿。

捧起一瓜一果、一蔬一饭，或品茗独坐，都让我想念家乡的父亲母亲……

1975 年，我们全家在海南省军区后勤部电影院侧门留影。

~ 14 ~

铁血柔情：戎装岁月里的温暖守护

文并图 / 李琼

60 年前，父母相爱，步入婚姻殿堂，把我和姐姐带到人间。60 年后，父亲在天国，母亲和我们在人间，相望相守，温柔的记忆一直陪伴。

1963 年的春天，海南省军区后勤部大院旁，父母建起我们第一个温暖的家。家旁边就是大院的电影院，全家人去看电影，那是我童年最美好的回忆。如今，天命之年的我，经常梦回大院，回到那些晴朗的日子，回到父亲宽厚的怀抱中。

父亲和母亲是如此相爱，让长大成人的姐姐和我，对爱情深信不疑。父母对工作恪尽职守，对身边的人心怀善意，让我们懂得分享、责任和使命。

后勤大院里的浪漫

1953 年，19 岁的父亲从云南昆明到海南省军区后勤部参军，每年过生日，他都会到海南海口市的照相馆照纪念照，寄给昆明的奶奶报平安。这是父亲到海南后的第一张照片。

1961 年，妈妈在海南第一次领工资，跑到照相馆拍了纪念照。

我的父亲名叫李祖德，1934 年出生于昆明，是一名军人。母亲名叫李绍美，比父亲小 6 岁，出生于 1940 年，是一名会计。

1961 年，母亲从广东省高州市来到海南海口军工厂工作，地址在秀英。父亲在海南省军区后勤部工作，地址在海口白坡。两地相距 6 公里。

1962 年，经组织介绍，父母见面。听父亲说，初次见面，母亲紧张得连手都不知该往哪里放，还是父亲充当着活跃气氛的角色。第一次见面后，父亲就被美丽温柔的母亲深深吸引，一到周末就约母亲逛海口人民公园，偶尔还去看电影。

几次接触下来，两个情投意合的年轻人，很快坠入爱河。1963 年春节，父母结婚。几十年过去，父亲时常挂在嘴边的话就是："你们的妈妈是最好看的。"

1965 年，母亲怀孕了，当时母亲的反应很大，吃不进去东西，体贴的父亲总是骑半个小时自行车到海口市给母亲买她爱吃的东西。

有一天，下着大雨，父亲满心欢喜地买了一份母亲最爱吃的广味粥和文昌鸡，回到部队大院门口时，不小心摔了一跤，粥打翻了。想到在家等待他的妻子，又马不停蹄地折返，重新买了一份，用雨衣包着跑回家，全身淋湿。

事情过去 50 多年，母亲依然清晰记得这一幕，

左图：1973 年，父亲给母亲买了一辆自行车，并取名“爱马敦”。
右图：2005 年 12 月，时隔 42 年，父亲母亲重游海南南山。

经常念叨父亲对她的好，记得那个抱着一碗粥，雨里奔跑的大男孩。母亲说，跟父亲结婚，是她这辈子最幸福的事。

1975 年，父亲做手术，当时我 6 岁，姐姐 9 岁。母亲中午煲好汤、做好营养菜跑医院，晚上安顿好我和姐姐，再跑医院。在母亲的精心护理下，父亲很快康复。

父亲在部队工作很忙，顾不上家，母亲把家里所有的事情都承担下来。有一年，姐姐 10 岁，我 7 岁，父亲拉练回来，刚进家门，水都还没喝一口，突然接到部队电话，紧急召回。母亲宽慰父亲：“放心去吧，有我呢。”那场景，至今我还记忆犹新。

父亲在部队一干就是 30 年，他带领的直供处和军需处，多次受到表彰。逢年过节，父亲会邀请同事在家里聚餐，处里的单干户叔叔把在伙食堂打好的饭菜带来，负责前厅，父母负责后厨，我和姐姐就负责享受开心热闹。

父母说，和叔叔们在一起过节，不仅要让大家吃好玩好，更要让他们感受到这里就是自己家。当年来我家吃饭的叔叔们都是父亲的挚友，是父亲最想念的人。战友情深一直延续了几十年、几代人。17 岁相识，一起从昆明去参军的好战友，像亲兄弟一样，每年都会聚在一起。

妈妈会做世间最美味的米粉

我和姐姐一直认为，我们是世界上最幸福的孩子。上学第一天，姐姐带我去海口第二十八小学的路上，快到学校时，我发现旁边有一家米粉店，就停在那里不想走了。姐姐二话不说拼命拉着我到学校去。

没想到，放学回家，餐桌上竟然放着梦寐以求的两大碗米粉。我和姐姐都好开心，抬起大碗吃得干干净净，扑到妈妈的怀里叫着："太好吃啦，太好吃啦！"

妈妈也开心地抱着我们说："以后再给你们做。"妈妈就是这样，一直懂我们，知道我们想吃什么，喜欢什么。世间的任何美味，都比不上妈妈做的食物。

有一次，父亲到上海出差，带回一条大红色的裙子，裙子只有一条，孩子却有两个，我和姐姐因为这条红裙子的归属问题闹起了矛盾。

母亲轻轻走过来说："来让我看看哪个宝贝穿起来更好看？"我和姐姐轮流穿上了这条红裙子，这下我才发现，我根本就不能穿，腰身太大了，裙摆太长了。最后，裙子让给了姐姐。姐姐说："等你长高一些了，就可以穿了。"

母亲总是轻声给我们讲道理，安慰我们的小情绪，化解我们的矛盾，让我们通过一件件小事，学会了爱。

困难年代，每一件新衣服都是那么珍贵，母亲仿佛是一个超级有能量的魔术师，每个新年，都能给我和姐姐变出漂亮的衣服。在我 8 岁的一天夜里，一阵嘀嗒的声音把我吵醒，迷迷糊糊爬起来，只见昏暗的烛光下，妈妈正在缝纫机前，给我和姐姐做新衣新裤和头花。田螺姑娘般的妈妈，总能在喧闹的除夕夜、新年的声声鞭炮中，把我和姐姐变得美美的。

左图：1970 年“六一”儿童节，母亲出差，父亲带我和姐姐到海口市照相馆拍照。
右图：1973 年，海南省军区后勤部，大院大礼堂前的母女仨。

父亲的最后一个生日

1995 年，父亲离休一年后，买来一台录像机，每天躲在书房学习使用。他说，小外孙要出生了，他要用这个录像机记录孙子们的成长。

1996 年，姐姐的双胞胎小子出生了。小宝贝们的日常生活、游玩，都被父亲用他的录像机记录下来。小家伙出生时体重不够，母亲开始学习营养学，每天给宝贝们搭配营养餐。

等到我当妈妈的时候，我们这个盼女儿的家庭，又迎来了一个小子。这下，家里一下三个男孩。三个小家伙，一有机会就围在他们的外公外婆身边，又跳又闹，永远说不完的话。父亲从来不嫌吵，好像巴不得他们越吵越好。

离休在家的父亲，经常写文章、练字、练习工笔画，每天都很忙碌。2014 年刚开春，和往年一样，亲朋好友纷纷打来电话，要给父亲过生日。我们在饭店订了生日宴，亲朋好友围坐在一起，给爸爸过了一个热闹的八十大寿。

谁也没想到，这竟然是父亲的最后一个生日。2014 年 12 月，亲爱的父亲安详地离开了我们。全家聚在父亲周围，我和姐姐紧紧依偎在父亲身边，最后一次感受父亲的温度。

左图：2005 年，爸爸和三个小外孙在一起的欢乐时光。
右图：2014 年的春天，三个外孙邀请他们的外公去云南省图书馆看画展，外公请哥仨吃饭。

我们多想变回小小的姐妹，重回海南的旧时光，让爸爸再带我们去一次照相馆，再去一次公园玩。

父亲走后，悲痛一直压得我们喘不过气来，特别是母亲，一直无法从悲痛中走出来，经常恍惚出神。我时常安慰母亲："父亲最愿意看到就是我们健康幸福地生活，我们不能让父亲担心。"慢慢地，母亲听进了我的话，不再独自流泪，开始和我们说话，并着手安顿自己的生活。

家，是烛光下缝缝补补的母亲，是捧着粥在大雨中奔跑的父亲，是手牵手上学的小姐妹……曾经的家，是那么遥远，又是那么近。海南的大院时常会走入我的梦里。出走半生，归来依然是少年，海南的部队大院，那是我们永远的精神家园。

父亲母亲给了我和姐姐全部的爱，我们也想把所有的爱给母亲，但母亲总是心疼我们的辛苦，无论我们做什么，她总是说，多休息，简单点，再简单点。

如今，母亲是我和姐姐最大的牵挂。母亲在哪里，家就在哪里。在母亲身边，我们永远是长不大的孩子，感谢岁月的恩赐，感谢父母爱的教育……

第三章
应有山神长守护

1968 年 5 月 1 日，父亲给母亲买了一套涤卡新衣服，两人到歙县照相馆拍结婚照，师傅精心上色，留下了这张彩色结婚照。

~ 15 ~

如青竹般蓬勃的生命

文并图 / 程卫国

我的父亲是一位林业工程师，一生研究青竹和各种植物。阳光布德泽，万物生光辉。在父亲的世界里，没有恶风恶雨，只有阳光和雨露。父亲满心欢喜地看着造物之主，滋润世间万物，也滋养了我们历经坎坷，一点点成长的小家庭。在父亲乐观积极的人生态度感召下，我和弟弟妹妹快乐地幸福成长。

父母的爱情很普通，相遇，相知，相恋，然后步入婚姻的殿堂。母亲性格比较强势，父亲比较温和，每逢父亲被母亲数落，他总是一笑置之，从不与母亲拌嘴。

父亲 50 岁时，我曾经问他，这一生做得最成功的一件事是啥？他笑了笑，望着厨房对我说："我这辈子最成功的事，就是娶了你妈妈！"在厨房忙碌的母亲，似乎听到爸爸的话，嘴角是藏不住的喜悦。

父亲的两次高考

爷爷出生于1914年3月18日，以95岁高寿去世。年轻时，爷爷是芜湖市搬运公司的木板车运货的苦力，工资每月50元，比普工工资多20元。奶奶比爷爷小14岁，因医疗事故去世，享年50岁。奶奶离去，我非常伤心，她生前最疼爱我。我父亲名叫程斌，安徽省芜湖市人，出生于1941年10月20日，1995年11月16日突然去世，享年54岁。

1960年8月，父亲考取安徽医科大学。伯父在皖南医学院就读期间，对院领导提出了批评意见。1960年10月,伯父被扣上“右派分子”的帽子，送去农场劳动。按照当时规定，右派分子家属不能学医，父亲被要求立即退学。

父亲回家后，心情非常痛苦，整天躺着床上不吃饭。爷爷奶奶很着急，对父亲说：“男子汉大丈夫,要振作起来,出去找活干,以后会好起来的。”

听了爷爷奶奶的话，父亲开始跟随爷爷做小工推车。木板车拉货很辛苦，但有一个好处——穿衣服省布料，夏天天热，出汗多，干活不用穿上衣。

一年后，国家政策松动，父亲再次高考，考上安徽农学院林学系。

父亲从安农毕业后，分配到吉林省松县林业局工作，被派送到夹皮沟林场实习。临行前，奶

1966年9月，父亲参加工作的纪念照。

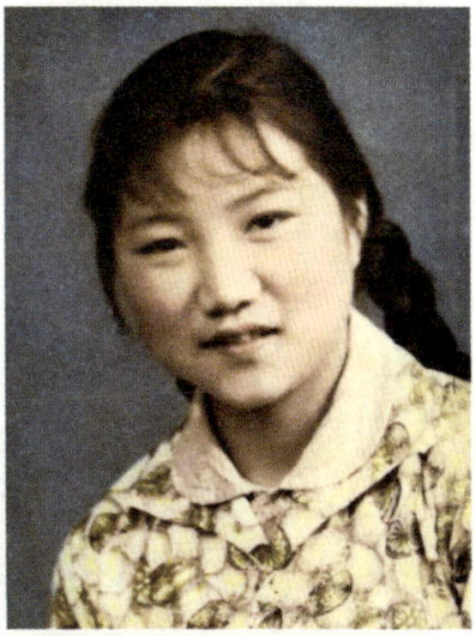

1965年11月，19岁的母亲，母亲把这张相片寄给父亲留念。

奶送给父亲一条大格子围巾（P111 上图），她叮嘱父亲："东北冷，自己照顾好身体。"

外婆偷偷考察父亲

我的外公是一名教师，在安徽歙县西坡大队大谷运村小学担任教导主任。外婆是一个很有主见的人，她慧眼识珠，为女儿选定了我的父亲。1964 年 6 月，父亲被抽调到四清（清政治、清经济、清组织、清思想）工作队。母亲去邻居家玩，与入户调查的父亲相遇。两位年轻人彼此看了一眼，就留下了深刻的印象。

1962 年 5 月，安徽合肥市高校足球比赛，安农足球队勇夺冠军，父亲（前排左二）踢边后卫。

1963 年 6 月，正在上初二的母亲（右）和同学在安徽歙县照相馆拍摄，师傅手工上色，一张彩色相片诞生。

四清工作队有规定，不允许队员与当地姑娘谈对象，父亲便请农户女房东帮忙联系母亲。第二天，女房东来到我母亲家，偷偷地掏出一个纸条，母亲一看是父亲写的结交信，吓了一跳。母亲不敢做主，把纸条给外婆看。外婆很镇定，对母亲说："别慌，我去了解情况，再做决定。"

第二天，外婆跑去驻地观察，并与其他队员交谈了解父亲。傍晚回家时，外婆对母亲说："小伙子是大城市来的大学生，为人热情，没有架子，还下地干农活，很勤快，这个对象可以谈。"母亲吃了颗定心丸，开始与父亲书信交流。过了一段时间，两个年轻人决定结婚。

1968 年 5 月 1 日，父亲在外婆家结婚，没有仪式，没有彩礼，只是请至亲好友吃了一桌酒饭。

没过多久，母亲怀孕了。按当地风俗，出嫁的姑娘不能在娘家里生小孩。

怀孕的母亲独自一个人出发，前往芜湖市爷爷奶奶家。

看到母亲突然到来，爷爷奶奶非常吃惊。奶奶大大表扬了母亲："了不起，一次都没来过芜湖，却能找到我们的家。"

1969 年 1 月 14 日，这个家庭的第一个孩子——我，如约而来。

我们住上了新房子

1970 年 12 月 10 日，妹妹出生。1973 年 5 月，父亲从东北调回芜湖繁昌县林业局工作。10 月，父亲把母亲、妹妹和我一起接到他的住处，全家团聚。

父亲的工作单位距离家十多公里，都是泥土小路，没有公共汽车。他周末回来，总带个手提包，翻爸爸的包包找糖果，是我和妹妹最欢乐的时刻。

1976 年 1 月 19 日，弟弟出生。父亲上班每月工资 55 元，母亲是民办教师，没有工资，只是大队记"工分"，年底分一些稻谷和菜籽油，过年才能吃到肉。

1978 年 5 月，安徽省开始分田到户，实行家庭联产承包责任制。母亲一边教书，一边去田地种水稻或去自留地种各种蔬菜，我们的生活才得以改善。

1981 年 8 月，父亲培育出一代生长快、价值高的竹类新品种。父亲的"工

左图：此盏煤油灯，见证了父亲夜夜伏案撰写修改科研论文的情景。
右图：父亲生前手写的科研项目论文草稿。

左图：1973 年 12 月，全家游玩繁昌县城公园，当时弟弟还没有出生。
右图：1978 年 7 月，在沙园小学校前，父亲为我们兄妹拍照留念。父亲从县城回家就骑这辆永久牌自行车，当时自行车很罕见。

程师”职称评审通过后，工资待遇提高到每月 120 元。1982 年 10 月 6 日，母亲和我兄妹三人的户口迁到县城爸爸单位。

荒年饿不死手艺人

1970 年 3 月，我刚一岁，有一天，突然发高烧。伯父是儿科医生，给我打了退烧针，第二天，母亲发现我的两条腿站不起来了。经检查，我患上小儿麻痹症（小儿脊髓灰质炎）。

妈妈当场哭了，父亲听说长春市中国人民解放军第二〇八医院能治疗此病。同年 5 月，母亲带着我，千里迢迢坐火车到长春。

经过一年多的住院医治，左腿见好，用右手按住右大腿可以走路。后来我们四处寻医，做了一次腿部矫正手术，右腿也有了点力量，用手杖能走路，我感谢父母为我做的一切。

1987 年 9 月，我高中毕业，没有考上大学。父母说：“你有残疾，去学门手艺，荒年饿不死手艺人。”经熟人介绍，拜县城制作服装很有名气的陈师傅

左图：1979 年 7 月，父亲顶着炎炎烈日正在给竹子授粉，培育新品种。
右图：1980 年 11 月，我家分得一套 60 平方米住房，全家在新住房大院内合影。

为师。学徒两年，我基本掌握服装裁剪制作的技术。1990 年 6 月，在父母帮助下，我租门面房开了一间裁缝店，自食其力。经过认真经营，一段时间后，服装店从无人问津到人来人往，父母看到此情景，感到很高兴。

父亲猝然离世

1995 年 11 月 16 日上午 9 点多，同住一幢楼的鲁哥骑着车到我店门口就叫："大宝，快去医院，你爸在抢救。"我马上坐车赶到医院，父亲躺在抢救室病床上，一动不动。

父亲早晨突然倒地，医生说是脑出血。头天晚上他还和我们一起吃饭，过一晚人就没了，当时爸爸才 54 岁。妈妈平静地说："你们爸爸走了，我们要好好活着，一起努力。"

2022 年，母亲发现胃内有癌变组织，随后做了手术。手术非常顺利，母亲慢慢恢复了。2023 年除夕，妈妈准备了许多美食，犒赏我们。全家吃了一次不平常的团圆饭，这是母亲重生的日子。

翻看父亲留下的印迹，他的人生起起伏伏，从不言败，努力向上。父亲

1984年6月，父亲带我到杭州治疗，在西湖岳王庙留念。

是我的人生榜样，我会一直向他学习。

年少时的我，一直渴望挣脱束缚，享受自由，也不懂得努力和珍惜。如今，年过半百的我已经明白，余生最重要的事情是好好工作，照顾好家人。希望明天的记忆里，不要留下今天的遗憾。

2006 年，全家在团部的幸福影舍照相馆拍了一张全家福。

~ 16 ~

父母兵团往事

文并图 / 乔金秋

新疆八师一二一团，岁月漫长且苍远，戈壁滩连着戈壁滩，远处是无边的沙漠。盐碱地深处，孤零零矗立着一户房屋，那便是我母亲生活了四十年的地方。

她 16 岁嫁给我的父亲，婚后一个月就来到新疆打工。为了生活，她 17 岁时学会骑马牧羊，20 多岁怀着孕赶牛放羊，30 岁去街上宰羊卖肉，40 多岁学会开拖拉机卖棉花，50 岁时凭自己的双手，开垦出几十亩荒地。

母亲 42 岁时，父亲便因车祸去世了。那时我才上小学，印象里那天飘着小雪，空气严寒刺骨，我还不懂什么是死亡，便永远地失去了父亲。痛苦如同冬天里潮湿且带着咸味的海水，吞没了我们的小家。我不知道母亲是怎么挺过来的，只记得她打了许久的官司，却依然没能讨回公道。

之后，母亲一个人拉扯四个孩子长大。面对厄运与苦难，她也曾在深夜暗自啜泣；然而当阳光升起，她依旧迎着露水，努力拼搏。作为一名单身母亲，她如此平凡，却又这般乐观。她时常笑称，自己小学都没毕业，却培养了两个学士，一个硕士，一个博士。她有时很迷糊，有时则睿智如哲人。“知足常乐”与“难得糊涂”，是她的人生信条，儿女则是她最大的骄傲。

戈壁滩上建起小窝

我的父亲乔俊杰，生于 1964 年；母亲郑桂芝，比我的父亲小一岁。他们都是河南省鹿邑县贾滩乡人。1985 年 6 月，经过我的大舅妈说亲，我的父母结婚了。虽然两家相距仅 6 公里，但是婚前我的父母互相不认识，也没见过面，直到结婚当天，才知道对方长什么样子。

二人婚后仅一个月，父亲和母亲得知新疆生产建设兵团招人，便离开了家乡，来到石河子农八师一二一团。兵团的建制是师、团、连，每个连的中心叫团部，相当于乡镇中心，连队则相当于乡村。那会儿每个连队有自己的羊群，属于公家财产。父母便去那里放羊，住在公家盖的房子里，每个月工资仅有四五十元。

左图：1996 年，母亲回河南生孩子，父亲在新疆照相馆拍了一张艺术照，寄回河南。
右图：1997 年，母亲生下弟弟半年后，在新疆照相馆拍了几张照片。

左图：1996 年冬天，父亲和大姐乔盼盼在一二一团照相馆拍了一张照片寄回老家。
右上图：父母于 1995 年起一点点修建的老房子。最初只有南面两间房子（黑色屋顶），北边是沙漠，后来政府修路将沙漠改造成平地。
右下图：拾棉花，以前棉花需要人工手采，现在都是机采棉。

初到新疆，父母每天种地、放羊、打零工，四处讨生活。经过一段时间的积累，父亲买了辆自行车，之后养了头驴，驾着驴车出门割草。在 20 世纪 90 年代的新疆，毛驴车还是比较常见的交通工具。再后来家里驴车换成马车，多年后，家里终于买了一辆三轮车和拖拉机。

放羊之余，父亲学着出去做生意，骑自行车去团部市场上卖烤肉，下连队收羊皮、卖肥皂。新疆的夏天，烈日当头，风沙漫天。冬天雪花如席，朔风似刀。在这样的环境中，他们白手起家，积沙成塔，终于慢慢有了积蓄。1986 年，大姐在这个简陋的小家呱呱落地。

1993 年 4 月，二姐也出生了。一年多后，母亲生下我。在那个计划生育的年代，母亲不敢让别人知道超生，一个人回河南老家生孩子。

1995 年，父母终于盖起了属于自己的房子。小屋后是一片广袤的沙漠，有时千里黄云白日曛，有时大漠孤烟直。1996 年 10 月，母亲又在老家生下了弟弟，这次母亲在老家住了半年。

1998 年的冬天，祖父母将我和弟弟送回新疆，并留在新疆生活了一段时间。在我有限的记忆里，来到新疆时看到了白茫茫一片雪。那段时间，母亲要照顾两位老人、四个孩子，除了做家务还要下地干活，生活压力和心理压力都很大。

新疆的四季

新疆漫长的冬天，主旋律是寂静。短暂的春天，主色调是荒凉。每当春风伴随着黄沙飞过大地，父母便开始了忙忙碌碌的春耕。我和弟弟没上学的时候，也经常跟着大人一起下地干活，放羊喂羊，捡柴烧火。

闲暇时，母亲喜欢听歌，时常用 CD 机播放一些老歌。记得有一次，我从抽屉里翻出了一个歌词本，拿给母亲，母亲便唱："在那遥远的小山村，小呀么小山村，我那亲爱的妈妈……叫我思念到如今……" 彼时的母亲，是否也在想念她的母亲？

在一二一团二连沙漠（古尔班通古特沙漠），我们偶遇两只黄羊。母亲说，以前父亲在沙漠放羊时经常遇见跳鼠、狐狸、野兔、蝎子、蛇，以及各种野鸟等动物，黄羊则相对少见。

左图：1997 年的母亲，在一二一团照相馆拍了一张照片。
右图：1998 年，我和弟弟在老家。那时老家很冷，我和弟弟两个人都冻得小脸通红。

石河子的夏天，房内闷热，我们带着被子爬到房顶，在屋顶睡，有时在拖拉机的车斗里睡觉。新疆很少下雨，房子的屋脊坡度很平缓。我们躺下，银河清且浅，偶尔几颗流星划过。母亲用手指着天空说："那是织女星，那是梭子星，那是银河……"偶尔遇见夜里下雨，父母便将我们一个一个抱回房间。

石河子位于北疆，纬度高，夏日白昼长，晚上九点多，太阳才开始缓缓落下。黄昏时分，有时乌云飞来，酝酿出一场太阳雨，东边地平线上，则会出现一道彩虹，继而又无声地消逝。那情景，真是壮丽又苍凉。

秋天的新疆，小麦黄灿灿似金，棉花白茫茫若海。头戴草帽的父亲，开着拖拉机收割麦子。腰系花兜的母亲，则在棉田里辛勤地拾棉花。

每到过年的前几天，母亲便开始忙忙碌碌，张罗年夜饭。除夕夜，连队和团部都会放起鞭炮和烟花，我们就爬上房，站在屋顶看烟花。火树银花，让寥廓的夜空，轰轰烈烈地绚烂了一番。

凝望了不知多久，声渐歇，光寂灭，我们的帽子上落了雪，露在围巾外的几缕头发以及睫毛上，也结了一层霜。回到家，我们依偎着母亲，继续看春晚。

后来我们都去上学了，父母则周而复始地在田间地头耕耘着。每个暑假和周末，我们也都会跟着一起下地干活，生火做饭。虽然并不富裕，但那时我们的生活也算衣食无忧，自由自在。

似水流年，苦尽甘来

兵团职工要考取棉农、果农等职业的初级、中级、高级证书，父母考取了各种职业资格证书。父亲还多次获得了“先进生产者”的证书。在我的印象里，父亲经常在外做生意，朋友多，总是很忙，我很少见到他。但我知道，他头脑活络，聪明勤快，还上过地方电视台受表彰。可惜，2007 年秋末冬初，父亲因车祸去世，留下母亲与四个还在上学的孩子。母亲擦干眼泪，成为家中的顶梁柱。所有辛酸苦楚，母亲都默默承受。

母亲学着一个人管理棉田，栉风沐雨，奔波劳苦，几次被评为连队的优秀工作者。母亲忙着管理农田，我们姐弟几个都去学校住校，自己管理自己的生活和学习。每周回家时，母亲都会给我们做顿好吃的，改善伙食。

父母学历不高，父亲读到初中毕业，母亲小学都没毕业。即便生活曾如此艰辛，母亲还是坚持供养四个子女读书。母亲说，看着孩子学有所长，成家立业，是她心中最自豪的事情。

母亲跟外祖母关系很好，一直照顾外祖母的起居生活。我的外祖母与母亲一样开朗乐观，坚韧不拔。1929 年出生的外祖母，已经 95 岁高龄，还爱喝小酒爱吃肉，也爱出门看风景。虽然她的耳朵不太灵敏，但眼睛依旧炯炯有神，有时好奇心堪比小孩子，是一个极有意思的老人家。

左图：2013 年暑假，我们一家五口在木垒的山上游玩时拍了一张合照。
右图：2023 年 2 月份，我放寒假，带妈妈逛了颐和园和恭亲王府。

北宋张载《西铭》有言："贫贱忧戚，庸玉汝于成也。"这句话让我联想到我的母亲。无论生活多少艰难困苦，她仍然深根于大地之母的怀抱中，用善良和爱庇佑着身边的人。

平淡世事随流水，四十余年任平生。来新疆时，我的父母青春年少，风华正茂。如今父亲长眠于此，而母亲已年近六十。曾经的日子都已成为过去，如今母亲也迎来了她的退休生活。

1983年，第一张全家福。

~ 17 ~

军嫂的爱，柔软亦坚强

文并图 / 周红庆

我和父亲两代从军，母亲既是军嫂，也是军属。我们父子二人给母亲的人生增添了不一样的艰辛。

时间让人猝不及防，争不过朝夕，又念着往昔，最初父母新婚三个月，父亲就应征入伍，母亲靠自己柔弱的肩膀，挑起家庭重任。父亲患病后，母亲不离不弃，十几年间，精心照料。而我在部队时，父母的关爱像风像雨滋润我的心田，助我成长为家里第二代军人。

如今，父亲已离世29年，母亲凭一己之力，帮助我们三兄妹成家立业，如今兄妹团结，家庭和睦，四世同堂。

母亲是什么时候老去的？是在柴米油盐的精打细算中，还是在繁忙家务的操劳中？岁月悄悄偷走了母亲的青春与活力，但是真情与爱始终在母亲绵柔又刚毅的目光里，她对父亲及家庭的责任感，支撑着她默默承受生活中各种打击与伤痛。

我的母亲，是千千万万山村女子中的普通一员，她的爱，是那么坚韧和深沉。

消失的结婚证

1965 年，父亲刚到部队时留影。

父亲高中时与同学合影

浙江省北部山区，有个叫赤山的小山村。改革开放前，进入这片世外桃源，需要穿过一条羊肠小道，翻越一座垂直高度约 30 米的山岭，母亲就出生在这里。

1944 年 1 月 30 日，抗日战争胜利的前一年，母亲出生了。因为生在阳历春天，外公外婆为她起名“李春凤”，寓意春天的凤凰。

九岁那年，上小学二年级的母亲，辍学回家带小姨。两年后，外公外婆经不住她反复请求，把她送回学校，母亲从二年级开始重读，一学期后跳到三年级，又一个学期后，跳到四年级。

村里五年级的学生，得到四公里外的地方上学。母亲需要提前一个多小时出发，中午吃家里带去的冷饭冷菜，放学回家就得带妹妹、砍柴、打猪草。即便这样辛苦，她从未缺过一天课。

尽管母亲学业优秀，但是外公外婆觉得女孩读书没什么用，小学毕业后，就不让母亲上学了，这成了母亲永远的痛。

1963 年春节，20 岁的父亲随一位远亲的姑婿来外婆家做客。父亲祖籍浙江永康，祖上打铁为生，兄妹五人，在家排行老三。他外形帅气，还上过高中，吸引了母亲，两人开始交往。1964 年 10 月，母亲从赤山嫁到 40 公里外的父亲家。

1965 年元月，父母结婚三个月，父亲便应征入

上图左：父亲年轻时用过的平光眼镜，是那个时代的“潮玩”。
上图右：父亲动手能力极强，这是父亲用硬纸板做的量角器。
中图左右：1980年，父亲认识了一位照相馆工作人员，请他到家里帮忙拍的生活照。
下图：1992年9月，父母亲和我在徐州云龙山拍的合影。

母亲用了50多年的缝纫机。

伍，两人开始长达四年的两地分居生活。1966年1月，母亲与父亲一位战友的妻子结伴，经过三天的长途跋涉到达台州海门。因天气原因，在旅馆里住了三天后，才搭上渡船进入大陈岛，到部队看望父亲。

父亲当兵时，因担心母亲与他离婚，藏起了结婚证。包产到户时，母亲见过一次结婚证，后又被父亲藏起来了。父亲离世近30年，他俩的结婚证到底藏在哪儿了，至今是我家的未解之谜。

在部队期间，由于父亲文化较高，字写得漂亮，文章也写得不错，先后在部队担任通讯员、文书，但因家庭成分不好，不得不由文书转为连队食堂负责买菜的尚司，但仍协助连队的文字工作。父亲工作非常勤奋，训练吃苦耐劳，得到营连干部的欣赏，但由于家庭成分原因，提干的希望不大，加上大哥已于1966年11月出生，于是，服役第四年，父亲便选择了退伍。

父亲退伍后，先后在镇农机厂、康山煤矿、康山化纤厂工作，一直到病退。父亲上班的地方离家骑自行车要一个多小时，只有周六才回家。父亲每次回家都帮忙做家务、带我们去洗衣服、替母亲到生产队上工等。父亲的付出，化解了母亲因两地分居带来的怨气，也教育了我们无论在社会上还是在家里都要有责任感，都要学会换位思考，体谅他人。

六十余年老剧迷，最爱梁山伯

母亲六年级时，学校组建宣传队，母亲出演小生。第一次上台，她扮演《梁祝》“楼台会”中的梁山伯。回村后，母亲参加村宣传队，继续反串男生，如《沙家浜》中的胡司令等。以后漫长的人生中，戏剧始终陪伴着母亲。

迷恋越剧的母亲，从戏剧中学习文化，总结人间道理，日常的烦累也得以化解。半生曲折多挫，磨难不断，她始终能保持乐观心态。

父母成亲后，1962 年版越剧电影《红楼梦》在家乡开始放映。父亲专程

左图：1983 年，梁山伯扮相的母亲，当时她 39 岁，这张照片是母亲的最爱。
右图：1983 年，父亲在工作单位——浙江安吉康山煤矿化纤厂厂区内。

1989年春，父母在祖籍永康方岩，这是他们第二次单独合影，当时是46岁和45岁。

陪母亲去看，还带上本子，把唱词速记下来，之后又在煤矿电影院连看两三遍，把唱词补充完整。四十多年前父亲为母亲速记的《红楼梦》唱词，母亲至今保留完好。

2012年重阳节，村越剧团成立，母亲应邀成为顾问。县电视台采访了母亲，称她是我村越剧第一代传人。70岁的母亲还即兴在晚会现场清唱了何文秀选段。迄今为止，母亲已经唱了整整60年越剧了。

如战士般面对一次次伤病

1981年左右，积劳成疾的父亲患上了肝病。有时，父亲会因长期患病情绪不好发脾气，每当这时母亲都一声不吭，由着他把火气消散。那些年，母亲经常私下和我们说，爸爸心情不好，要理解体谅他，千万不能和他争吵。母亲的言传身教，让我们懂得宽容和理解，我们三兄妹从不与母亲顶嘴。

母亲陪着父亲多次外出求医。为给父亲治病筹钱，母亲在父亲病情稳定时，会随小姨去苏南卖茶叶、笋干等特产。在外期间，她省吃俭用，每餐只买点蔬菜下面条，或是买来咸菜炒好装瓶子里将就着吃；住旅馆时，母亲常常在过道里睡通铺，只为省钱。

1987 年 11 月 9 日，我应征入伍。在新兵连时，我入选连队尖子班，备战团新兵军事五项比武。高强度的训练让我经常伤病缠身。父亲以一名老兵的身份，在信函里常常提醒我，“训练要注意方法”，“军人就是咬紧牙，扛一扛就过去了”，“年轻时吃苦不叫苦，老来吃苦才叫苦”……父亲随信给我寄来两斤多的各类止痛膏。正是在父亲的鼓励下，我下连队不久就成了团部宣传股的新闻报道员。当我把在《淮阴日报》《人民前线报》等发表的稿子剪下来寄给他时，他开心了三天，来信表扬我的同时，鼓励我不要骄傲，要虚心。正是在父亲这个老班长的鼓励下，我不仅参加了集团军军事五项比武，还考上了南昌陆军学院，成了一名军事指挥员。1996 年 1 月 18 日，天降大雪，我正准备次日随部队外训，突然收到两份“父病危速归”的加急电报。当我次日中午赶到家时，父亲已于凌晨去世。未能见到父亲最后一面，成了我终生的遗憾。

父亲病逝后，家里欠了不少外债。长辈们让母亲把债分摊给我们兄弟俩。母亲不同意，她说如果分了债务，会让儿子在儿媳面前受气，由她慢慢偿还。为了还债，1997 年起，母亲买了只锅炉卖开水，又利用旧谷仓开了两小间浴室。没有柴，就从竹制品厂里买竹粉，用板车拉回来。每天她只能睡四个小时左右。次年，她又买了台小冰柜，售卖雪糕、棒棒冰等，还做冰镇银耳汤、赤豆汤卖，邻居们都说母亲开了个“冷热公司”。一直到 2009 年，在我们的坚持下，母亲才停业休息。

母亲如战士般面对一次次伤病。1982 年秋，母亲上班时，不慎摔倒，导致左脚踝关节粉碎性骨折。父亲在外，我们兄妹仨都在上学，只能请外婆来

1994 年 5 月哥哥结婚，我回家探亲时，借了台相机回去。结婚当天，我用凳子当脚架，拍了这张全家福，这是我们全家第三次合影，也是最后一次。第二年腊月，父亲便离我们远去了。

2018 年 2 月 15 日除夕，母亲做完接天地仪式后，开始敬家堂仪式。

照顾母亲，母亲不愿做手术，留下了残疾。2019年夏天，母亲不慎摔倒，致左小腿胫骨骨折。这次骨折后，母亲很难出门旅行了。

四世同堂，其乐融融

这些年，从元宵、端午、立夏至七月半、八月半、冬至，只要母亲说要过节，我们基本上都无异议，遵从她的意思。母亲平时从不打牌，但每当逢年过节，晚饭后和孙子、外甥们一起玩牌时，她最开心了。自2021年起，母亲为不让孙辈们为难，把每年腊月二十五她生日这一天，定为全家年夜饭时间，全家四世同堂十来口人，其乐融融。

母亲是虔诚的佛教徒，平时帮村里人做些善事，外出烧香拜佛。每年观音菩萨生日，她都邀请一些信友来家帮忙念经，并在村口祭拜，供奉香烛，祈祷全村平安吉祥。

时间是当之无愧的“岁月神偷”。陪父母爆爆米花挣钱、听台上的妈妈唱戏、爸爸到部队来看我，好像都还是昨天的事。如今，母亲已是81岁高龄老人，父亲已离世近30年，但在内心深处，我觉得自己还是那个跌跌撞撞的少年，只有看到母亲步履蹒跚的模样，才忽然让我意识到，母亲已经老了，我也不再年轻。那么多美好的时光不会再来，所幸父母给我们的所有爱和过往，都已沉淀在岁月中。

戏，总是唱给别人听的，生活是自己的……

2007年3月，
父母在老屋。

~ 18 ~

扎根于土地的家

文并图 / 于二彩

转眼间，父亲已去世十载，母亲也已进入鲐背之年，一年之中，有多半独居在乡下老家。古稀之年的我，每次回去看望，临别时，她总是颤颤巍巍到车前送我，而后又转到屋前大樟树下目送至再也看不到我。我不忍多看，也不敢回头。

这样的离别，对我来说，每一次都弥足珍贵。无论我们走向何方，有娘的地方，就是归途。

结婚第一天开始还债

我的母亲1932年3月出生于湘西北的一个贫寒农家。母亲12岁时，外公去世。4年后，外婆病故。当时妹妹12岁，最小的弟弟只有6岁。四个可怜的孩子，一夜之间，成为无依无靠的孤儿。

为了生存，身为长姐的母亲，带着两个年幼的弟弟，投奔安乡县的舅舅，靠给人放牛为生，妹妹则靠照顾病人谋生。如此熬过了两年多，善良的叔外公将姐弟四人接回家抚养长大。

依媒妁之约，父母于1951年冬成亲。母亲这边准备了两床棉被、一口木箱作为嫁妆。爷爷奶奶给父亲分了一间土砖房，结婚家具只有一个木茶几和一个洗脸架，这对新人却需要承担家里9担5斗谷的欠账。

婚后，父亲给人干了半年长工，才还完了欠款。20世纪80年代，两人省吃俭用很多年，扩建两间主屋。母亲生下六个孩子，两个弟妹不幸夭折，我们兄妹四人长大成人。

1959年，母亲毅然背着两岁的大妹妹，跑到安乡县出口洲的一个农场，加入了修湖院大堤的妇女突击队。那时的母亲，年轻、能吃苦，在突击队拿的是甲等口粮、甲等工资。六十多年过去，她还为此感到自豪。

不知多少个夜晚，母亲在微暗的油灯下纺纱织布。吃大锅饭的年代，母亲每天都是天不亮就

上图：外婆的这个竹制香篮，距今有一百多年历史，至今仍在使用。
下图：外公外婆的铜制老花镜，是百年老物。

捡回来的稻穗，既能满足鸡饲料，还能补贴好几个月的口粮。2015年11月26日摄。

起床，早早地把饭菜做好，然后和男人们一样出集体工。

“文革”时期，有人把父亲拉到大队里批斗，说他是地主的狗腿子，家里藏有金银财宝。父亲受不了冤枉，气得要喝农药寻短见。母亲一边安慰他，一边跑到大队部，义正词严地声明：“我们家是贫下中农，有成只给地主家当过轿夫、做过长工，你们不信，可以来家里搜！”

结果，大队干部只搜出舅舅当兵时的两封家信和爷爷死后的孝单。大队干部又说孝单是封建迷信产物，当场把它烧掉。这些年来，母亲常为此事不平说：“那个大队长没文化，又霸道。孝单写的是子孙亲缘关系，是忠孝传承，怎么会是封建迷信呢？”

没读过书的母亲，有自己的人生信条

母亲没有读过书，却执着地支持我们四兄妹读书。我高中毕业就被招工，吃了“国家粮”，也许从我身上看到了弟妹们的出路，她坚定信念，借钱也要让孩子们去上学。寡言少语的父亲明了母亲的心事，再苦再累也毫无怨言。

恢复高考那年，二弟看家庭困难，想辍学为家里挣工分。母亲不同意，

家中陶缸、蓑衣、斗笠、绳索、锯子等农具。

从三舅外公家借钱让二弟上学。二弟很努力，考上了大学。没几年，最小的妹妹也考上了师范。四弟两次高考落榜，作为长兄的我，想让四弟出去找工作。没想到母亲请出大舅舅，步行二十多里山路，赶到我上班的地方为四弟说情，让我支持四弟继续上学。最后，我们兄妹四人都靠读书跃了“农”门。

母亲虽然没文化，却有自己的人生信条，经常告诫我们：“好儿不得伢田地，好女不争嫁时衣”，“兄弟姊妹好比一条河里的几只船，就看谁的本事好”……

母亲是个热心人，共做成了十五次媒。娘说：“一个人如果做成了十二个媒，死后就能变成猫。”在母亲心里，人死后变猫就是圆满，她对猫宠爱有加。

母亲心地善良。分田到户后有一年，家里三十多斤菜籽油被盗。娘心里清楚是谁偷了，她强忍愤怒，不点破盗窃者，保全不道德人的面子。邻居里有两位孤寡老人，母亲认他们为“继父母”，照顾他们的晚年生活并送终。

奶奶年轻时，有些偏心叔父家，母亲没计较，全力尽孝，照顾奶奶晚年生活。奶奶临终时拉着母亲说：“周家姑儿，屋漏水，点点滴，你心好，会有福报的。”

节俭也是母亲最重要的人生信条。家中的生产工具、生活用具，都被母亲完好地保存下来。包装种子肥料的塑料袋、编织袋，也洗得干干净净，叠得整整齐齐，等待再利用。家中有一个仍在使用的土布包袱，打了二十七个补丁，是奶奶在世时缝制的，已用六十多年了。

20 世纪 90 年代，乡里很多人动用关系给父母搞“农转非”，我和二弟也几次动心。母亲说：“你们四姊妹都进城吃了国家粮，你们好就好。我和你爹生来就是栽田拱土的，这里才是我们的家。”母亲非常满足每月有 113 元农村养老金和 100 元高龄补贴。

2013 年，父亲去世之后，母亲坚持一个人住在老家，栽红薯、种油菜、摸菜园、砍柴火……干完农活，还把屋里屋外收拾得干净整洁。年近九旬，也不曾改变这种习惯。

有一次老家邻居打来电话，说母亲大半天不见人影。我赶紧驱车回家，在一个山湾的稻田里，找到正在拾捡稻穗的母亲。那天，她捡了一百多斤稻穗，我帮她搬回家。母亲说：“现在的人真不懂得珍惜，毛主席时代是绝对不准浪费的，颗粒都要归仓。”

父母的爱，深沉而温暖

父亲心地善良，乐于助人，做事干练，受人敬重。对儿女管教甚严，我自小对他就很畏惧。

父母在劳作。

记得有一年初冬，我做错了事，他气愤地说，晚上要揍我。吃晚饭的时候我不敢回家，悄悄地躲到屋前稻田里的草垛内听动静。母亲到处找不着我，埋怨父亲，与他争执起来。父亲回应道："吓都吓不倒他，那他要上天呀！"知道父亲只是吼吼教训我，我才耷拉着脑袋回到家。

我读初中二年级那年，国庆节放假回家，正好生产队里送公粮。父亲有意要历练我，对我说："儿子，你也试试吧，去了有肉包子吃。"我想着，推车子好玩，还有肉包子吃，就爽快地答应了。他给我找了一辆木制独轮车，两只袋子装上一百二十斤稻谷，他自己则装了满满四大袋三百八十多斤稻谷，送往二十里地外的粮仓。开始我的兴致很浓，后来越来越累，肩膀磨破了皮，累得筋疲力尽，父亲不得不倒回来三里地，接我过去。

父亲是个远近出名的种田老把式，粗活细活都能干，晚年积劳成疾，母亲承担起照顾的责任。有年冬天的傍晚，我回家看到母亲在给父亲洗澡，那恩爱的情景永远留在我的记忆中。

我读初中时，有一天大雪没膝深，因没有胶鞋，只能赤脚踏雪 8 公里，从学校跑回家。母亲见状，双手搂着我，眼泪直流。我们兄弟姐妹离家后，父母盼着我们回家，总是提前准备好带回城里的瓜果蔬菜等农产品。每次我们回家看望父母，离开时，娘都要来到车边送行。她总是叮嘱着那句老话："车子慢点开，小心驶得万年船"。

舍不得老家　离不开老伴

父亲于 2013 年 3 月因脑出血去世，母亲极度悲伤，甚至因为思念产生幻觉。说父亲经常把家里的东西弄得响，有时候还揭脚头的被子；还说他使"坏"，把东西藏起来，让她找不着。

很长一段时间，母亲都会在父亲的遗像前发呆，自言自语。我们乡下有人死后不留遗像的习俗，乡亲们建议她把遗像烧掉，家里也许会安静些。娘却不相信："做事要有合手（即帮手），没有他，哪有这个家。"

近年来，母亲患了帕金森病，独立生活困难，但她坚持独自住在乡下老屋。对她来说，老家才是她的自由天地，回到老家她就高兴，喜欢做大锅饭、熬锅巴粥。她常叨念，和父亲住了七十年的土砖房子才是自己的“老窝”。

母亲的帕金森病情逐年加重，头晕、跌倒是常有的事。头晕厉害时，她就用睡觉的方式来应付。实在受不了时，她就贴上伤湿止痛膏，抹点舒筋活络油。母亲现在城里乡里两头住。工作之余，四弟、妹妹们经常陪她去散步。

九十年，在人类的历史长河中，只是一睁眼一闭眼的瞬间，而对母亲来说，却是实实在在劳动的每一天。她所有的生活，所有的依靠，都来自土地，都靠自己的双手一点点去创造。

经年累月的劳作，依靠或多或少的收成，父母亲将我们抚养长大。钱一分一分攒着，将兄妹四个送到山外读书，完成了他们这一代人难以实现的梦想。

母亲没有读过书，不会写关于“爱”的词语，但“爱”却充盈了她周围：一筐菜、一个暖手的小烘篓、一次次车边的送别……

感恩岁月的馈赠，感恩父亲母亲给我们的一切。

2015年5月，在老家，公婆老两口拍摄了唯一合照。遗憾的是，公公已经离开我们了，再也没有机会给老人家拍合照了。

~ 19 ~

"乐天派"公婆的乡居岁月

文并图 / 刘莉

我的婆家，在距我们几十里的僻壤乡村（湖北省应城市杨河镇茨庙村小陈组），公爹公婆（方言，即公公、婆婆）一生都在种田盘泥巴，耕地种菜，养鸡喂猪。六十多年来，她靠自己勤劳的双手，养大了五个孩子，创造出属于自己的幸福生活。

每到周末节庆，只要有空闲，我们一家三口便会回老家，我们的很多美好时光都是在乡村度过的。

公婆对我很好，不仅从不在我老公面前说三道四，还能在我跟老公意见不合的时候，为我说公道话。更难能可贵的是，我与丈夫结婚七年没有孩子，村里人对我议论纷纷时，她能顶住压力安慰我说："好好过日子，不要被别人的话影响心情和夫妻关系。"后来，我怀上了孩子，她又特地来城里为我伺候月子。因为有公婆为我撑腰，我和老公的婚姻才更加稳固。

公婆没读过书，但她一生都以庄稼人的淳朴与勤劳，建设着自己的小家，也用爱与善良，守护着她的子女。时光如白驹过隙，转眼公婆已经八十多岁了。尽管尝尽了人间的酸甜苦辣，她依然自信且乐观，成为一名行走在田间地头的守望者。

珍藏 67 年的嫁妆

我的公婆名叫任爱枝，1939 年 8 月出生，今年 85 岁，湖北省应城市杨河镇茨庙村小陈组人。撤县建市前，公爹和公婆是湖北应城竹林湾的邻居，两家相隔仅三家住户，虽然认识，但从未说过话。

十六七岁时，公爹公婆由同湾长辈牵线定亲。虽同在一个湾子，一起出工干活，但因为害羞，他们见面时只互相看了一眼，没有讲话。逢年过节，公爹提两瓶酒、二斤肉、二筒面条，上门送节礼。公婆娘家留公爹吃饭，这时二人才有机会说说话。1956 年 10 月，公婆与公爹熊炳贵结婚，两人育有三子二女。我先生是公婆的第二个孩子，老大名叫熊克建，小名腊狗。后来公婆又生了我老公，名叫熊克义，小名双狗。

公婆说，跟公爹结婚的场面喜庆盛大。公爹身穿中式袍子袄子，头戴礼帽，胸佩大红花，领着媒婆，四人抬着花轿来迎娶公婆。公婆穿着红衣、红裤、红鞋，带着两口箱子、一张床及床上用品的陪嫁，坐上了花桥。迎亲队伍敲锣打鼓

2015 年 5 月，侄子熊威一家三口从深圳回老家探亲，正遇家中大母牛生了一头小母牛，大哥熊克建将他的孙子抱到牛背上，曾祖父、祖父、重孙一起留下开心瞬间。没想到，7 个月后，我的公爹（图中最右）撒手人寰。

左图：1995 年 5 月，公爹、公婆与他们的小女儿熊友凤及大外孙们在家门口合影。
右图：珍藏 67 年的嫁妆

来到公爹家，两人拜天地、拜高堂后入洞房。67 年过去，公婆的部分嫁妆依然保存完好。

全大队最勤快的人

公婆和公爹结婚七年后才有孩子，之后接连生了五个孩子。孩子的出生，给生活带来巨大压力。公爹家弟兄三个，有位哥哥因智力障碍生活无法自理，公婆便和公爹一起照顾这位哥哥，直到他去世。

公婆一直是队里公认最勤劳的人，在湾里，凡是农村壮劳力干的重农活，她都拿得起做得来，耕田、下秧、挑秧、插秧、割谷都是一把好手。当年没有机械操作，地里事全靠一双手盘活，她一天到晚手脚不停劳作。

每天收工后，公婆还要出门割草。夏天，下池塘，割水中游草，晒干后扎成烧火粑子留着自己家里用；冬天，忙着割田间地头的茅草，茅草晒干后扎成烧火粑子，挑到集市上去卖，贴补家用。公婆年轻时还曾任大队妇联主任，当基干民兵时，获得过打靶第一名的好成绩。公婆喂了一生的牛，对牛疼爱有加。孩子们怕八十多岁的她跌倒，不许她放牛牵牛。她很不高兴，总是偷偷地做这件事，还说："我走得稳得很！"

公爹年幼时脚被火烧伤致残，无法走远路，也无法干重活，后来又因劳累过度落下了疾病，丧失了劳动力。为此，公婆承担起家庭的全部重活，四处求医为公公医治。

好在改革开放以后，农村政策好，又有村委会处处关照，加上公爹养鸭有技术有经验，夫妻俩一个在田里耕种劳作，一个搞小农经济副业，家中日子还算过得去。

乐观面对每一天

公婆有门老手艺——扎稻草人，她会把稻草人插在田间地头吓鸡赶鸟，或把旧衣服随手挂在菜园护栏上。一开始见到这场面，我觉得很惊奇，公婆说："这些旧衣服可剪成布条当绳子，农忙时方便随取随用，扎粮食口袋比麻绳还结实。"

80 高龄仍在放牛的公婆，2023 年元月拍摄。

左图：公婆一边晒太阳，一边看小女儿晒寿衣，2022 年 11 月拍摄。
右图：藏在旧衣服中的人民币，2023 年 6 月拍摄。

儿女们见状，以为她在家孤独，于是，早晚打电话问安，隔三岔五地开车回去陪她。没想到，她竟责怪儿女们不该回家太勤，应该好好安心做好自己的工作，经营好自己的小家。

公婆平时很俭省，舍不得花钱。有一次，儿女们在帮她整理衣柜时，发现每次给她的钱，都原封未动地藏在旧衣服中，真是又好气，又好笑。

按当地习俗，六十岁以上的老人要开始准备寿衣并试穿，寿衣一般由女儿制作。公婆一边晒太阳，一边听着收音机里播放的楚剧，一边看小女儿熊友凤帮晒她的寿衣。

新农村，新生活

公婆和公爹刚结婚时，居住在应城竹林湾，这里约二十多户人家、一百多人口。后来，他们又搬迁到只有五六户人家、三十多口人的紫云庵湾。几十年过去，湾里村民陆续搬走，如今仅剩三四户老人常住。

2016 年元月 22 日，公爹因肺癌医治无效去世，从此公婆独自一人种田。两年后将五亩农田交给大儿子打理。

农忙时，弟弟从城里回来帮哥哥晒粮，给哥哥送茶端水，公婆的小重孙熊志成坐在一旁，2022 年 9 月拍摄。

子女们争抢接她去养老，她坚决不去，说："我生在这里长在这里，不愁吃不愁喝不愁用，大儿子供给我的大米，一年到头都吃不完。如今农村八十岁以上老人，每月有生活补贴，看病住院国家也报销，我身体硬朗又百心不操，小日子过得舒心快活。"

如今公婆的子女中，只有长子守着年迈的老母亲和土田。家里的农田已由当初六亩发展到二十亩。他会开手扶拖拉机，会修理技术，还会上网。每到农忙，他会请专门的农业服务公司来地里，完成插秧和收谷的重农活。

经过几十年的拼搏努力，老家的日子过得越来越好。每逢春节，公婆会召集一家人回去吃年饭，然后到镇上长子熊克建家热闹热闹。每次聚会，公婆都会再三叮嘱一家人，要团结和睦，有事情好好商量。每年过年祭祖，上香许愿时，她都会祈求子孙后代平安喜乐。

公婆自十八岁嫁进公爹家，繁衍子孙，播种希望，收获梦想。她一直守着农村、守着农田、守着那个温馨的小家，如今，又在为子女们守望着未来的美好生活。

对于公婆，我们大家族每一个成员，都充满了无限感恩，祝福公婆身体健康，永远幸福。

这是家里唯一一张父母亲的合照，1985年奶哥哥（母亲做奶妈抚养的孩子）拍摄于辛村父母家中。

~ 20 ~

哀哀父母，生我劬劳

文并图 / 牛文英

在汾河和潇河冲击的三角平原上，有号称太原“第一大村”的辛村，那是生我养我的故乡。

我的父母都是以种田为生的农民，母亲生于1930年，15岁嫁给父亲，先后生了我们姐妹兄弟六人。除了要抚养自己的孩子，照顾年迈的奶奶，还要照顾已成孤儿的堂哥及远房的聋哑大哥，并帮这两位堂哥先后成家。

一点微薄的土地，母亲瘦弱的身体，有限的奶水，要面对这么多张嘴吃饭、上学、成家，都不知道父母在如此艰难的岁月里，是怎么坚持下来，熬出来的……

“外好里栁楂”

在太原辛村这片土地上，我家家族世代以务农为生。爷爷有两个女儿和三个儿子，大伯在堂哥七岁时离世，大伯母改嫁后，堂哥便与我的父母及奶奶共同生活。

父亲是 1927 年生人，18 岁与母亲结婚。他们相继养育了六个子女。1950 年代初，在那个物资极度匮乏的岁月里，生活的艰难如影随形。家中人口众多，有奶奶、父母、年幼的两个姐姐、一个哥哥，还有堂哥和远房聋哑堂哥。

一大家子人仅仅依靠父母在田间辛勤劳作的微薄收入艰难地维持着生活。母亲常常为了生计愁眉不展，而父亲却时常因为一些琐事与母亲争吵，甚至还会动手。我们这些孩子也未能逃脱，常常因为各种小事挨打。然而，在旁人的眼中，父亲却是一个热情善良的人，对外人极其热情友善，备受赞誉。母亲常说父亲是一个“外好里栁楂”的人，这句话精准地刻画了父亲复杂而又矛盾的性格。

父亲与孙辈在一起

父亲在生产队里赶马车，这本该为家里带来一些额外的补贴，改善一下家里的生活状况。可他却总是毫不犹豫地将这些补贴慷慨地资助给他人。姑姑家的儿子们一旦有困难，总是第一时间来找他们的三舅，而父亲也总是竭尽全力地去帮助他们。最让人难以理解的是，父亲不顾家中的实际情况，四处奔波为远房聋哑大哥找媳妇。他竟然拿母亲唯一的陪嫁银镯子当作聘礼，为聋哑大哥娶了一位盲人嫂子。之后，在他们有了两个孩子并盖了房子后，才分家另过。堂哥也是在成家并有了两个孩子后才与我们分家。我的三姐就是因为与聋哑大哥家第二个孩子同年出生，为了维持生计，母亲忍痛将她送给别人。

尽管家里并不富裕，但父母对我们的学习却格外重视。除了大姐没有上高中之外，我们四个都先后高中毕业，我和妹妹还继续读完了中专。父亲在大队分管水利工作的时候，特别喜爱那些勤快、能干、聪明的年轻人。只要一有机会，他就会安排他们出去干活，让他们开阔眼界。然而，对于哥哥，父亲却有着不同的安排。他坚决不让哥哥出去，理由是家里只有一个男孩子，出去了就没有人干活了。这一决定让哥哥错过了外出工作的机会。

小时候，家里还养了猪，每当卖猪的时候，就要去七里开外的镇上收购站。记得有一次，我跟在父亲拉猪的小平车后面，小小的身影充满了期待。我不怕累，只为了让父亲在卖猪后能给我买点学习用品。父亲爽快地答应了我，那一刻，我的心中充满了喜悦。当父亲真的给我买了一本语文课外书时，我如获至宝，虽然如今这本书的名字已记不起来，但那一刻的幸福却永远地留在了我的记忆深处。

解决大家庭吃饭问题

母亲生于 1930 年，那时，姥爷在外地做生意，家中较为富裕。母亲出生还不到百日，姥爷就再次外出经商，姥姥则在家辛苦操劳。后来，姥爷被国民党抓去当兵，自此音讯全无，族人也渐渐认定姥爷已去世。

上图：我家最早的一张全家福，拍摄于1959年春节。第二排左一为我的母亲。
下图：前为母亲，后为奶哥哥的母亲。1983年拍摄于晋祠博物馆。

为了延续香火，姥姥过继了舅舅，母亲比舅舅大7岁。但孤儿寡母难以撑起家业，没过几年，族人挤兑，家产渐少，姥姥无奈回到娘家。母亲11岁那年，姥姥带着母亲和舅舅改嫁。母亲14岁时，姥姥去世；15岁时，母亲来到距张花七华里的辛村，成为我们家的童养媳。又过了5年，后姥爷也离世了。母亲一直关照孤苦的舅舅，给他缝补衣服、洗涮等。等我们长大后，生活好一些了，我们给母亲拿回去的吃的，母亲都要留一份给舅舅。

1958年，母亲生下了三姐，聋哑大哥和盲人堂嫂的第二个孩子也出生了，

母亲与儿子下棋，1999 年 12 月拍摄于我家。

1961 年父亲购买的收音机

母亲的雪花膏和镜子

为了一大家子十几口的生活，母亲把刚刚出生的三姐送给别人，自己给城里一户人家当奶妈，用母乳去赚取微薄收入，补贴一大家人。

奶哥哥在我家待了一年，被接走时母亲恋恋不舍。“文化大革命”时期，奶哥哥的父母工作很忙，为了孩子的安全，让他在我家又待了一段时间。此后一直有联系，逢年过节，奶哥哥会来看望母亲。

后来，奶哥哥家搬到晋祠附近，农历七月初二是晋祠的传统庙会，奶哥哥邀请母亲去赶庙会。奶哥哥结婚后，母亲还帮他照看过孩子。奶哥哥说，他们兄弟姐妹四人都有奶妈，只有他和奶妈仍在联系。

20 世纪 60 年代，我们家里的收入主要是父亲和哥姐生产队劳动的分红所得，空闲时编卖一些箩筐、养猪、养鸡以补贴家用。每年秋冬季节，父亲用自行车从东山上带回一车车的荆条，父母与二姐、哥哥在闲暇时经过一道道工序，编成箩筐，遇到周围村庄有庙会，父亲就带着编好的箩筐去卖，换钱补贴家用。

20 世纪 70 年代后期，村里实行了土地联产承包制，姐姐们和哥哥相继成家，父亲承包了运输车挣钱。由于管理不善，投资失败，欠了许多外债。父亲郁郁寡欢，于 1989 年生病去世。

永远闲不下来的母亲

没过上一天好日子，父亲就离开了我们。在父亲去世的三十多年里，母亲除了把家收拾得井井有条，还要继续照顾小辈的各个家庭。农忙时，母亲在家帮哥嫂打理家务，哥嫂去田间劳动，母亲早早就准备食材，哥哥喜欢吃面，母亲就做面食。嫂子自豪地说：“别人都羡慕我有这样的婆婆，回家就端碗吃饭。”

母亲能动的时候，即使拄着拐杖也要打理家里菜地。母亲曾说，外面买菜又贵又不环保，她种了这些菜，就是能让娃们吃上新鲜菜。蔬菜收获时，如果我们没有回去，母亲会让村里的公交车给我们捎菜，打电话让我们去车

87 岁高龄的母亲，只要能动弹，就不会闲着。2017 年 10 月摄于辛村父母家。

站拿。如果我们回家了，临走时，母亲就让我们带上地里种的各种菜。

我家有一台有 50 多年历史的缝纫机，为母亲减少了不少工作量。我们从小到大的衣服就是靠这台缝纫机做出来的。母亲不但给我们缝缝补补，逢年过节时也帮左邻右舍裁剪缝制新衣服。20 世纪 90 年代后，人们不再自己缝衣服，开始买衣服穿时，母亲还会在过年时给我们每个人做一双红鞋垫，图个吉利。我送过母亲一个暖宝宝，她给暖宝宝缝了个套子，预防磨损。

我的儿子上幼儿园之前都是母亲帮我照看的。儿子上学后，农闲时，母亲很多时候也住在我家。儿子和母亲的感情很深。母亲总是闲不住，要做一些事，洗菜、做饭等，儿子便把厨房门关住，不让母亲进去，打开电视让母亲看。

每次回母亲家，儿子就陪在母亲身边，给母亲讲一些新鲜事，母亲把她珍藏的好吃的从柜子里拿出来让儿子吃。2017 年，母亲到我的新家小住，为迎接母亲的到来，我们准备包饺子吃。母亲闲不住，帮我调了猪肉大葱的馅儿。儿子说，姥姥包的饺子圆鼓鼓的，好看又好吃。母亲住院，儿子没事就去医院陪床，帮母亲按摩、聊天。

时髦老妈最关心天气预报

母亲虽然年龄大了，但能跟上时代，喜欢接触新鲜事物，尝试调换电视频道，用电磁炉、电高压锅做饭等，也喜欢和我们一起去旅行，甚至学会了自拍。

母亲每晚必看天气预报。母亲说，农村人靠天吃饭，就要知道每天的天气情况。

2013 年 3 月，母亲查出宫颈癌晚期，大夫建议放疗。我们姐妹兄弟商量后决定，瞒着病情开始给母亲放疗。母亲坚强、乐观，病痛的折磨没有压倒她，只要说是为了治病，再苦再疼的治疗她都忍。曾经躺倒的她，硬是靠着坚强的信念，经过锻炼，又重新站了起来，并能拄着拐杖行走。妹妹买了按摩仪，母亲每天要按摩 200 下。她说，一定要能自理，不能连累子女。

母亲病后，我们姐妹回家的次数更多了，一到节假日，就回家帮母亲收拾一下，带一些母亲喜欢吃的东西。每个周末，母亲就坐在门口等我们，盼着我们早点回家。

2018 年 11 月 21 日，母亲不慎摔倒在地，股骨头骨折，虽然手术顺利，

母亲生前最全的一次合影，是母亲过完 87 岁生日时拍的，2017 年 2 月拍摄。

但后期出现了并发症，母亲卧床躺倒了。

2019年春节是母亲过的最后一个春节。农历正月初三，女儿、女婿、孙子、外孙都回家给母亲拜年。母亲躺在床上，全家人强颜欢笑、眼含热泪给母亲拜年。2月20日，母亲便离开了我们，享年89岁。

父母在，家就在。父母去，人生只剩归途。母亲在家，兄弟姐妹常聚在母亲身边，一有时间就回家拉拉家常，聊聊天，哪怕是坐在母亲身边发发呆也感觉心安。可惜，这样的时光再也没有了。每每想到这里，我的眼里便会盈满泪水。

第四章

乘风 拥抱堂前花

1961 年 1 月 3 日，父亲母亲在老家广西合浦县城拍摄的结婚照。

~ 21 ~

踏遍青山人未老

文并图 / 彭定湘

2018 年 12 月，躺在长沙市中心医院病床上的老父亲，让我打开手机，播放《勘探队员之歌》。随着熟悉的旋律响起，父亲立即放声跟着唱了起来，神情格外激动，仿佛又回到了踏遍青山，为国找矿的火红年代。

三个月后，春回大地，老父亲却没能扛过疾病的折磨。2019 年 3 月 25 日，89 岁的父亲走了……

爱跑马拉松，遇难死里逃生

父亲名叫彭福亿，1931 年 1 月 11 日出生于广西合浦，五兄妹中排行老四。大伯、二伯以务农捕鱼为生。排行老五的姑姑从事教育工作直至退休。三伯彭福信 18 岁参加游击队，为广西解放立过功。

父亲跳出农门求学、工作，与三伯的教诲和关心密不可分。1951 年父亲以优异成绩考上北海市一中，三年后考入广州地质学院放射性地质专业，1958 年毕业。参加工作后，父亲从事铀矿地质工作，20 世纪 50 年代，父亲参加国家核武器急需矿种的地质勘探工作，他为此感到无比自豪。

父亲年轻时，经常参加马拉松等比赛，获得国家等级运动员证书，这也为他从事野外地质工作，打下良好身体基础。1965 年中秋节，广西桂北铀矿地质找矿大会战，父亲在野外工作期间，沿着陡峭的山谷攀登，前方同事踩松大块滚石，父亲躲避不及被砸中头部，坠入谷底，身负重伤，大量失血，生命垂危。由于父亲经常跑马拉松，体质好，后经抢救，死里逃生。对当年参加抢救的同事们和医护人员，父亲一直深怀感激，他说大家给了他第二次生命。父亲当年的同事，也是父亲负重伤时的现场抢救者之一，曾写过一篇《血洒猫儿岭》，记录了父亲为事业将生命置之度外的事迹。

1957 年 5 月拍摄于广州，当时 26 岁的父亲，风华正茂，在广州地质学院放射性地质专业学习。

跟随父亲野外工作多年的老物件，地质锤、罗盘、放大镜、钢卷尺、饭盒和水壶。

父亲（后排右二，从事铀矿地质勘探）野外工作时与同事合影，1960 年 3 月摄于广东。

从野外分队，到工区从事铀矿地质勘探技术工作，再到后来担任勘察公司副经理，父亲不断钻研技术，获得国家实用新型专利，《科技论文集》被湖南省核工业地质局收藏并展览。

十年前，我陪父亲参观湖南省地质博物馆矿博会，见到众多矿物标本，父亲很激动。那份豪情、执着，在父亲饱经沧桑的脸上骄傲地闪现，他似乎又回到崇山峻岭之间。五颜六色的各式矿物宝石标本对我来说眼花缭乱，它们的名称、类别、性质、分布，父亲却如数家珍，遇到一旁的观众有疑问，还顺带当起了解说员。

正是有像父亲这样的老一辈铀矿地质工作者，对祖国原子能事业的无悔付出，才奠定了核大国的基石。

快乐的父子时光

记得小时候，家里买了一辆凤凰牌自行车，当时我们个子不高，骑上去控制不好，总是摔倒。父亲大声说："把车扶起来，继续！男子汉摔个跤算什么，不摔跤怎么能长大？"

其实，他看着我们摔倒在地，擦伤手掌膝盖真心疼，于是他在自行车后座上横着捆绑一根扁担，这样我们摔倒时，自行车不至于整个倒地，扁担的一端会先着地，此后我们便再也没有出现受伤的情况了。在父亲不厌其烦地调教下，我们很快都能顺溜地骑车到处玩耍，甚至可以独自去十多公里外的衡南县车江镇赶集买菜了。

野外工作四处流动，父亲工作的地方总是不断变动，我们三兄弟小学到高中是在不同地方的多所学校念完的。小时候家里并不宽裕，但只要我们提出买连环画小人书，父母节衣缩食也会满足我们的要求。日积月累，我们家整箱整箱的连环画，让邻家孩子们羡慕不已。每天放学后翻看甚至争抢连环画，成为我们三兄弟儿时记忆中最快乐的时光。

小弟自小就有绘画天赋，父亲想方设法联系亲戚，送他到专业院校向知名教授求教。1985 年，小弟考上湖南师大美术系油画专业，那时父亲两百多元的工资，一半拿来支持他的学业。

随着年岁增长，父亲的腿部力量变弱，步伐慢了许多，但每当要去看小弟的油画展时，他立马精神一振：“走，去看看。”遇老同事夸奖小弟有出息，父亲会露出略带憨厚的表情：“嘿嘿，还不错。”

从小到大，父亲总是鼓励我们多看书多锻炼、多看电影多听音乐、多做

1966年春节与父母亲的合影，那一年我四岁，大弟两岁。

有意义的事。小弟成了职业画家，大弟的小号、萨克斯吹出专业水准，而我工作之余玩玩摄影，快乐愉悦的气氛萦绕着我们大家庭。

三件小皮袄为母亲遮风挡雨

母亲名叫朱际凤，今年 89 岁，1935 年 9 月 26 日出生于广西合浦县，在姐弟四人中排行老大。家中弟弟们幼小，母亲打小挑水、喂猪、做家务，辛苦劳作之余，坚持读书，完成小学、初中学业。

那个年代，很多人认为女孩长大迟早嫁人，不让女孩上学，省下钱来培养男丁。母亲很要强，小学毕业后考入县林业中学并顺利毕业。

年轻时的母亲在老家国有林场有不错的工作，1963 年底，母亲带着刚满一岁的我随调到父亲单位。报到时，遇上三年严重困难，单位大搞人员下放，有的还被分流到地方或回老家就业，无法安排上岗。大弟和小弟分别于 1964 年、1966 年出生，加上父亲野外勘探流动性大，母亲只好在家照料我们，没有了工作。

三兄弟正处于长身体阶段的时期，若是某一顿饭有肉吃，会想念好几天。

2007 年 1 月 10 日，父亲母亲在家人的陪同下，来到省城察看即将入住的新居。

2018 年，父母一起在长沙游玩，上台阶时相互搀扶。

母亲做得一手好菜，总是变着法子，让我们吃得尽可能丰富一些。那时腌菜是主打菜，酸豆角、酸萝卜、酸黄瓜、酸刀豆等腌菜吃到反胃，母亲会时不时做些馒头包子，或从街上买回热腾腾的米粉。

母亲包的带花生米的肉粽子，是我吃过的粽子里味道最好的，亲戚、邻居都夸赞，母亲便开始教大家包粽子。

这些年，母亲年事渐高，三兄弟会轮流陪伴她，做饭做菜搞卫生。有时三兄弟一起陪她散步，旁人用羡慕的眼光夸母亲好福气，这也是母亲最为得意的时候。

父亲离开了

父亲讲究卫生，喜欢整洁，退休在家后，在体力尚可时，每天打扫楼道及前坪的环境卫生，几乎成为他的例行公事。父亲一生温和善良，生前最大的愿望是能够回到离别多年的故乡广西合浦，看望老家的亲人，看看家乡的变化。2016 年秋天，阳光和煦，高龄老父实现了他晚年最大的心愿，目睹家乡翻天覆地的变化，见到亲人们，激动得老泪纵横。

2018 年 3 月 10 日，我陪父母到长沙湘府文化公园游玩，看着拄着拐杖的父亲蹒跚的脚步吃力地迈上台阶，母亲牵手搀扶，两个人的身影衬托在蓝天里的那一刻，心中一阵酸楚，用相机拍下。

父亲离世后，母亲一直在失去父亲的悲伤中难以走出来。我们都尽力去陪伴母亲，希望热热闹闹的场景冲淡母亲对父亲的思念。

每逢周末或过节，儿孙们只要有空都会回到母亲身边团聚，听母亲讲以前的趣事，欢声笑语充满家里的每个角落。老母亲记性很好，相隔多年，回到老家探亲时，依然记得起年轻时候的故事，能够准确叫出亲戚、邻居和老同学的名字。

自打有了微信，我在朋友圈里时常会晒晒年迈双亲的生活照，总会有好友出来评论：你看你是多么幸福的孩子啊！如今，这幸福被时光无情地剜去一块，伤感也不知多少时日才能平复。现在唯有照顾好年迈的母亲，才能了却我们的心愿。

2019 年 5 月母亲节，我送给母亲的鲜花，母亲乐了。

~ 22 ~

特殊年代的重组家庭

文并图 / 邓永玲

父母相伴八十余年，为工作、生活，为儿女，如浮萍漂泊，艰难一生，一辈子念念不忘回家乡，有生之年又无法回到家乡。

父亲已经离我们而去，他的点点滴滴在我脑海中挥洒不去。父母的爱，善良宽容，他们不断与命运抗争的顽强斗志，激励着我们前行。

孤儿寡母，伤心童年

太爷爷生于1871年，因吸鸦片家道中落，留下一座三间土墙房的吊脚楼。太爷爷膝下四男二女，二叔爷、三叔爷因营养不良得了水肿病去世，四叔爷被抓壮丁杳无音信。

爷爷是家中老大，因患肺痨（肺结核）三十六岁病故，留下小脚奶奶和十岁的父亲，孤儿寡母相依为命（原有五女一男，其余皆因病夭折，只剩父亲）。

父亲叫邓克勤，1931年出生于湖南省郴州市北湖区杉山岭村第四组。家乡地处南岭山脉，村庄四面环山。

奶奶自小家境殷实，裹着七寸小脚，不会干农活。爷爷去世后，奶奶慌了神，一想到要养活自己和孩子，每天早晨五点起来，就放声大哭，之后，奶奶靠进城帮人带孩子，维持母子生活。

爷爷去世后，十岁的父亲，每天上山砍柴，挑到城里去卖，日子实在难以为继。村里流动理发师牵线，让奶奶改嫁到郴州火车站附近的潘家湾一户人家。奶奶提出，对方把女儿先许配给父亲，再嫁过去，对方答应。

算命先生选好日子，一个三岁女娃的胸前挂上镜子，被一位男士背到邓家，住了三天。就这样，一门娃娃亲由此约定。这个三岁的女娃，就是我的母亲。父母一牵手，就是八十余年。

奶奶嫁给我的外公，三岁的母亲成了十岁父亲的童养媳，这样的安排，在当时可能是两个家庭能活下去的最好方式，尤其对于奶奶和父亲来说，算是有了依靠。

定好娃娃亲后，父亲大哭大闹，不肯随奶奶改嫁。奶奶只好暂将他放四婶家。父亲每天上山砍柴，柴垛堆满了晒谷坪。六个月过去，婶婶说：“你叔被抓壮丁了，家里生活也十分困难，你还是随你母亲生活为好。”父亲又回到奶奶身边。

每天一早，外公就训练父亲犁田，当时父亲只有十一岁，瘦骨嶙峋，而水牛力气大，父亲掌控不了，犁碰到田埂的石头上，犁尖断了。外公气得大训父亲，回去跟奶奶说："你这儿子没法教，将来我女儿跟着他会饿肚子。"

外曾祖父是一个较有名的风水先生，民国初期送舅公到南京中医学院读书，后在郴州城里开了一家药店。父亲自荐到药店当学徒，最初没有工资，只供吃饭和理发费，每天做饭、扫地、上下店铺门板、洗药、切药。

1943 年，日本飞机炸毁郴州公路、桥梁，鬼子包围村庄，把猪、鸡鸭、粮食抢走，强奸妇女、放火烧房，无恶不作。妇女为躲避日本鬼子强暴，用火灰把脸涂黑。回忆起幼年遭遇，父亲常说，今天的生活来之不易，不要忘记过去。

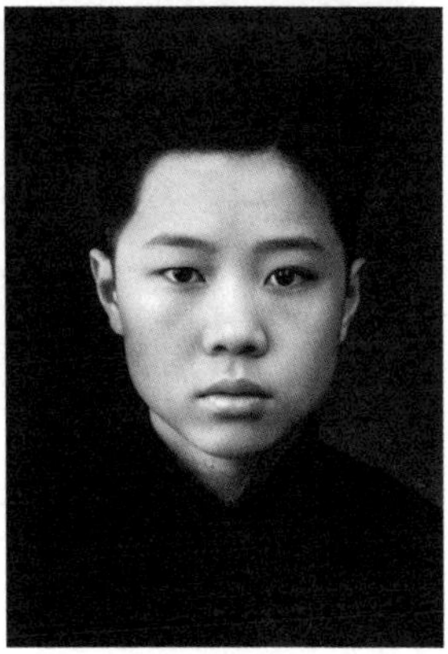

1951 年，在湖南郴州宜章参加工作时，父亲拍下人生第一张照片，当时他 20 岁。

保管 36 个小仓库稻谷

1951 年，在郴州宜章县粮食经营处工作的表姑杨藻玉来信，该县急需大批粮食管理干部。父亲面试合格，当年 9 月，正式成为一名国家干部。20 岁的父亲保管 36 个小仓库的稻谷，每 100 斤稻谷出米约为 70—72 斤，供应市场。他还负责仓库防鼠、防盗、防火，查温度、湿度等工作。

1950 年，母亲在郴州铁路小学读书，"六一"儿童节和同学一起拍的人生第一张照片，当时她 13 岁。

母亲三岁多没有了妈，外公觉得三个男孩都没读书，女孩也不要读。有一次母亲放学回家，被外公打了一顿，吓得不敢回家，天黑了躲在猪栏里，舅母去喂猪才发现她。之后，二舅继续供母亲读书。二舅家孩子多，生活也很困难，母亲

左图：1951 年，父亲（前排右二）在湖南省郴州市宜章县粮食公司工作。
右图：奶奶和哥哥（中）父亲（右）母亲（左）。

1959 年，母亲在湖南衡阳学习药剂。

读到高中第一个学期就辍学了。

1952 年，奶奶催婚，父亲不肯回去。他回信说，自己薪水很低，成家有难处，叫母亲学好文化再说。奶奶却说，妇女读书没用，做好家务，生孩子就行。

协商之后，父亲同意先领结婚证，每月寄五元钱给母亲，让她回去读书生活。于是，奶奶带母亲乘车来到宜章县白沙区，与父亲办理了结婚手续，那年母亲十五岁。

1953 年，父亲被分配到湖南永州蓝山县粮食科，他发动人力，挑运粮食到宁远县城，从水路运到永州冷水滩，上火车运到海南、衡阳，支援国防重点工程——修建祖国边陲的海榆中线公路。

当年秋，父亲再被分配到永明县（现江永县），筹建粮食购销公司。从衡阳去江永，先坐火车到冷水滩，再坐烧木炭的汽车，翻越双牌大岭。每到上坡，司炉手要摇数次炉柄，加大火力，车才能上去，中间还要过三个轮渡。汽车到道县，住一晚，第二天一早请人挑上行李，步行 100 多里，晚上才赶到江永县政府粮食科报到。

1957 年，二十岁的母亲前往江永县，和父亲一起生活。1959 年，母亲到衡阳学药剂一年，回到江永县人民医院药房工作，直到退休。1960 年初，父母生下他们第一个孩子，可惜 6 个月左右生马牙感染发烧，不幸夭折了。

公社书记的光荣与悲伤

1965 年，父亲调到源口公社当公社书记。源口是湖南江永瑶族居住地之一，与广西交界。山里人一到冬天烤火，茅草房就很容易失火。父亲带领老百姓烧砖烧瓦，建砖瓦房，将一季水稻改为两季水稻，百姓生活大大改善。

1967 年，“文化大革命”期间，父亲被造反派打成走资本主义道路的当权派（走资派）。至今我还记得，母亲带着三岁的我和六岁的姐姐去源口看父亲。隔栏相望，父亲被关在牛棚里，头被打破，血流满面，白衬衣被血染成了红色。

父亲怕孩子受牵连，让我们回老家住了一年才回来，后来群众把父亲救了出来。五十多年后，父亲弥留之际，经常要我们拿笔和纸给他写检讨，口中不停地说：“我是好人，我没有错，不要打我。”

父亲被打成走资派后，母亲也受牵连，她被批斗了三天，后来被送去“五七”干校，接受劳动改造。半年后母亲回医院工作，但无法从事药剂师的本职工作，只能打杂，先后调去医院收费室挂号、收费，供应室洗注射器，食堂洗碗，给病人送饭以及卖饭票、记账等后勤工作。

母亲还被人贴大字报举报、诬陷贪污，证据是我们家天天有小鱼干吃。殊不知祖母是湖南郴州人，她按老家的饮食习惯，把茄子切开、煮熟、晒干，吃的时候用辣椒酱蒸着吃，远远看过去，饭上的茄干像小鱼干，哪知道我们

左图：1971 年，父亲（第二排右一）到江永源口修源口水库。
右图：2017 年 6 月，我（左一）和妹妹（右一）陪父母探访当年修的江永源口水库。

吃的是茄子干！由于本地没有这样吃法，当时父亲被打成走资派后，全家人备受歧视，邻里都躲我们远远的，没有人与我们来往，他们从房子外面往里看，以为茄子干是小鱼干！

1969 年 6 月，母亲受不了莫须有的罪名，想到投河自尽，来证明清白，在一个雷雨交加、河水暴涨的夜晚，母亲独自走到河边，被父亲发现劝回来，跟母亲说："都是我害了你，但你走了，孩子怎么办？"母亲想到这么多孩子要管，还有一个四个多月大的孩子在嗷嗷待哺，心才软下来，为孩子，咬着牙也要活下去。

1970 年代初，母亲为了改善一家人的生活，工作之余，还起早贪黑，开荒种菜，我和姐姐放学后也帮忙挑水浇菜，眼看就要有收成，却赶上"割资本主义尾巴"，不准有自留地，要求自己挖掉，母亲看着辛辛苦苦种的菜，只能含着眼泪挖掉。

1972 年，父亲任江永县邮电局局长。1973 年，任江永县物资局局长，直到退休。父亲在江永县物资局主持工作时，正是计划经济年代，钢材、玻璃、炸药、汽车配件等都要指标才能购买。父亲特别自豪的是，当年物资如此匮乏，

左图：前排左起父亲、三舅、奶奶、二舅、大舅；后排左起弟弟、我、母亲、姐姐、妹妹，1983年春节拍摄于江永。
右图：跟随父亲、母亲六十多年的算盘

大家建起了炸药和水泥仓库，临街建起了办公大楼、员工宿舍，单位从无到有，逐渐扭亏为盈。

难忘的红薯饭

20世纪六七十年代，城镇居民要凭粮票买米，并搭杂粮。我读初中时，有一次奶奶盛饭，她想着大人要干活，多吃点米饭抗饿，少吃点红薯。父亲走过去重新盛饭，他说，小孩正长身体，多吃点米饭，红薯给大人吃。

几十年过去，奶奶给我们盛饭纠结的这一幕，依然历历在目。如今物质丰富，每天都为吃什么而发愁。而多年前的父母，为了养活几个孩子，竭尽所能，从口里抠出仅有的一点粮食留给我们。

兄弟姐妹长大之后，只要回到家里，父亲都会做上一桌香喷喷的饭菜等我们。父亲做的饭，无论是红薯饭，还是其他家乡菜，都是世间最美的食物，是无尽的乡愁和爱。

左图：2016 年 4 月，湖南江永县人民医院老宿舍，站在儿时出生到成长的房前，感慨万千。
右图：2018 年 1 月，母亲学着用手机拍照。

1983 年春节，三个舅舅相约来到江永看我们。这是自 1959 年与他们分别后的第一次大团聚。在那个交通和经济不发达的年代，出门是一件非常困难的事情，亲戚间也无法常来常往。

退休后，父母到湖南永州帮儿女们带小孩，又一次离开了熟悉的环境。2017 年，父亲 86 岁高龄，疾病缠身，我把父母接到广州跟我长住。

父亲住院，母亲一夜站在病床前不停给父亲盖被子。父亲输血，母亲怕父亲的手动来动去跑针，就一直抓着父亲的手。医院护士都赞叹：这是真爱啊！

2022 年 1 月 2 日，91 岁高龄的父亲带着对母亲和亲人无限的眷念走了。按父亲生前遗嘱，骨灰安放回故乡。

父亲走后，母亲经常一个人躲起来以泪洗面，站在窗前发呆，无法释放父亲离去的伤痛。父母同甘共苦 80 多年，不知多长时间才能冲淡母亲的悲伤……

东江海岸边，父亲在等待海水退潮。
2020 年 6 月拍摄

~ 23 ~

永远的渔夫

文并图 / 林国义

福建省福州市福清市，是素有“三福之地”美誉的侨乡。我的故乡东瀚镇海亮村就处在福清市龙高半岛的东南端，与福建第一大岛平潭群岛隔海相望。

海亮村坐落在东瀚镇最高峰东京山南麓万石山脚下。万石山绵延数十公里，山上地表遍布花岗岩石，依山而建的村庄面向东海，东海岸线曲折，岛礁密布，与老家距离最近的海岸当地人称为“东江”。

万石山上洒满了父亲苦涩的汗水，东江海里流淌着父亲深深的眷念。这里是父亲的人生战场，是他一辈子不愿意离开的地方。每当看到父亲的影像，心中就会涌起对父亲无尽的回忆和思念……

父亲的家，在海滨美丽的乡村

49 岁的父亲在上海街头。

老家“八山一水一分田”，土地贫瘠，人均田地非常少。为了谋生，村民组团造木船，出海捕鱼。20 世纪 80 年代，家乡的石料销往全国各地，出口至日本、大洋洲。改革开放后，有村民外出务工经商，有人漂洋过海出国挣钱，一座座小洋楼盖起来了，一条条水泥路修通了，现在已是普遍富裕的海滨美丽乡村。

一百多年前，我的爷爷奶奶从邻村迁来，买下族人两层房子，育下五男一女（其中两男幼时被送养）。在我父母结婚的前一年，又紧挨着这座房子盖好了一座两层小楼。

爷爷的主要谋生方式是在海边围网捕鱼，非常辛苦，每个季节气候不一样，海水潮汐时间不一样，有时候要在半夜里出发，遇到台风季节还要及时地把渔网解开、放下、压好，甚至要全部拆除转移，否则就要被狂风大浪扯烂。

大伯当兵回来之后成为村里为数不多的“公家人”，一家人都在福州市工作、生活；叔叔青年时代跟我父亲一样，除了务农也跟着我爷爷一起捕鱼，还担任生产队的出纳工作。1988 年，因婶婶娘家侨属的关系，叔叔全家去了日本定居，至今已有 35 年。在贫穷年代，照相是非常奢侈的事，叔叔出国时，邀请父亲同赴上海，给 49 岁的父亲在上海街头拍下了一张珍贵的照片。直到堂弟从日本邮寄一批照

上图左：福清早年有“地瓜县”之称，地瓜与地瓜干是当地人的传统主食之一。2011 年 10 月拍摄。

上图右：“石厝”是我们当地特有的建筑。父亲操劳一生就盖了这一栋永远没有完工的“石厝”，这座小楼还是分了三次才盖成现在这个样子。2011 年 2 月拍摄。

下图：浑浊的海水，简陋的围网，父亲佝偻着背，寻找着渔获。2020 年 6 月拍摄。

大概拍于 1984 年之前，我的妹妹（左二）、弟弟（右一）以及叔叔家的堂弟（左三）、堂妹（右二），我们五个孩子在邻居家门口合影。

片回来，我才看到了它。我内心非常感谢堂弟从日本寄回来这些照片，其中不仅有父母最早的一张合影、母亲早期珍贵的照片，还有我与堂弟堂妹迄今唯一的一次合影。

母亲比父亲小了整整 9 周岁，父亲 28 岁才娶了年方 19 岁的母亲。父亲对母亲宠爱有加，家里的粗活重活他尽量不让母亲做。但家里劳动力有限，父母先后生育的五个子女都嗷嗷待哺，迫于生计，母亲还是非常操劳。

母亲身材矮小，在挑担子时特别吃力。她每天都要到村口的水井打满两大桶水，顺着村庄的台阶，一步一步颤悠悠地挑到家里的水缸边。每次她都得先放下水桶，铆足劲托起水桶，踮起脚才能把水倒进水缸里。

母亲生性耿直，说话嗓门大，还口无遮拦，经常得罪人。不过，好在了解她个性的人都知道她心直口快，不和她计较。

父母相扶相携，感情甚笃。记得我幼年时的一个早晨，在睡梦中醒来时依稀听见母亲哭泣的声音。我连忙起床，看到母亲一只胳膊肘撑在墙角，头靠在胳膊上不停地抽泣。一问，原来是父亲为了养家糊口，一早跟随族人远赴江西省的一个矿区打工了，母亲自然是万分不舍，但又无可奈何。自那一次父亲外出打工几个月回来之后，父母再也没有分离过，一直白头到老。直至父亲高龄仙逝后，母亲仍然时常因为思念父亲而潸然泪下。

左图：1995 年 10 月，父亲抱着外孙一起合影。长期的户外劳作让父亲身上的古铜色熠熠生辉，使人感到一股刚毅的生命力。
右图：1992 年夏天，母亲、弟弟以及大哥的长子，在叔叔刚刚重新修建的房屋前合影。母亲向来勤俭持家、精打细算，这张也是她珍贵的早期照片。

古铜色皮肤，是父亲生活的勋章

父母育有五个孩子，为了拉扯我们长大，父亲在贫瘠的土地上辛苦劳作，在石头缝中开荒辟地，谋求多种点庄稼，多收点口粮。

20 世纪八九十年代，石材大开发的那几年，是父亲最辛苦最劳累的岁月。父亲和其他的乡亲一道，在采石矿场里当搬运工，装满一车人均收入才伍角钱。

从我记事起，父亲就和村里的乡亲一起开着木船出海打鱼。那时他正年轻力壮，同时还跟着爷爷、带着叔叔一起经营着自家的围网。当时周边几个村庄就爷爷一家在“东江”周边海域布置这种围网。

后来爷爷过世，叔叔出国定居，原本一起开船出海打鱼的乡亲们也“洗脚上岸”，村里只有父亲一人还在维护、经营着围网，偶有带着我大哥或小弟一起帮忙，打鱼、卖鱼。

父亲年岁已高后，全家一致反对他继续围网捕鱼，我和弟弟特意去海边，把他的围网用摩托车强制性驮回来，父亲才勉强愿意放下老家的田地和渔网，2003 年和母亲来到福清市区居住生活。

2015 年 5 月，父亲与母亲在武汉黄鹤楼公园岳飞像前留影，这是父母唯一一次一起“出省游”。

2015 年，父亲在体检时发现腹腔有一个硕大的肿瘤。我和母亲陪同父亲到武汉治疗，在大哥大嫂家住下。经多家医院检查确认肿瘤为良性，我们选择了保守治疗。父母在武汉只住了一个月，就回到了福清。

父母住在福清市区并不习惯城里的生活，隔三岔五就回一趟老家。直至 2017 年，他俩实在待不住，又搬回去住老家，住进大哥新盖的别墅里。

回到老家的父亲又闲不住了，他把破碎的渔网重新缝制起来，挑到海边“重起炉灶”。我们意识到这其实是父亲的人生乐趣，他对大海有着一种特殊的情结，就睁只眼闭只眼，只要他老人家开心，就让他去寻找他的乐趣吧。

2020 年 6 月，我从市区回老家看望两位老人，临时决定陪父亲一起去海边捕鱼，到“东江”海边等待海水退潮。

看着父亲古铜色的皮肤，消瘦的脸庞，我说：“依爸，现在应该捞不到什么鱼了吧，您还想干多久啊？”

“呵呵，是没什么鱼了，能干一天是一天。”父亲说。

那天，我们俩收获甚微。也许是难得有我陪伴，感觉父亲步履轻快，脸上洋溢着笑意，一路上也健谈了许多。回望过往，才骤然意识到，那一日陪伴父亲捕鱼，居然是我成年后的第一次也是最后一次的陪伴 ......

再见，永远的渔夫

开荒辟地，种田栽菜，织网围渔，抬石搬运，吃苦耐劳的父亲几乎包揽了家里所有的重活重担，很少使唤母亲或者子女们跟着他去干农活，都是自己一个人起早贪黑，悄悄地去，默默地回。

父亲心地善良，没有脾气，是十足的“好好先生”。有一次，父亲看到一位乡亲在我们家菜园里“顺手牵羊”摘走了几颗菜，他居然没有吭声呵斥，远远地躲着、看着，生怕被对方发现了，怕她难为情。

人生海海，潮起潮落。2023 年 4 月 19 日晨 7 点 10 分，父亲寿终正寝，享年 85 岁。

父亲的离去，让我们陷入自责和内疚。我们几个兄弟姐妹分居世界各地，忙于生计，忙于事业，几乎从未让父母感到骄傲，只有担心与牵挂。特别是父亲晚年时，我们未能时常探望与陪伴，乃至他老人家就要离开时，子女们也不能全员到位送终，包括在奠行礼仪上的不周都让我感到歉疚。

料理完父亲的后事，我们把 76 岁高龄的母亲带到昆明生活，希望新的环境能够缓解老人的悲痛。

老家是我们保存回忆的载体，故乡是我们永远的眷恋。

我们会经常回来看您的！

再见，依爸！

再见，大海的儿子！

再见，永远的渔夫！

1980 年，在田东县芦山照相馆拍的全家福。前排左起：母亲、父亲、外婆、姐姐。后排左起：哥哥、我。

~ 24 ~

飞鸟的痕迹

文并图 / 谢佩霞

我的爸爸妈妈从认识到终老，生活都很艰难，这要从一张拼接的结婚照说起。

1957 年，爸爸妈妈经人介绍认识，经过半年多的交往后结婚。因为没有钱拍结婚照，之前二人没有任何合影，结婚时，他们就把二张单人照片拼接在一起，做成了一张特别的结婚照。妈妈唯一的嫁妆是外婆用过的皮箱，这皮箱是家里仅有的像样的家当。婚后，妈妈为了养活我们三兄妹，从一个文质彬彬的人民教师变成一个从事繁重工作的体力劳动者，直到老年，都在为生活奔波。

2010 年和 2012 年，爸爸妈妈先后离开我们。每每想起他们，我便心生愧疚，觉得自己没有尽到做女儿的责任。

生活中的白马王子

六七十年前，拍照片是很奢侈的事情，两张个人照片贴在一起，就是一张“合影”。父亲是军人，标准的国字脸，浓眉大眼高鼻梁，是那个时代的“白马王子”。

父亲名叫谢承荣，1932 年出生于广西壮族自治区田东县祥周镇，有四个兄弟三个妹妹。新中国成立前，家里有几亩薄田，新中国成立后被定为中农成分。父亲和五叔、四姑，三个孩子被大家庭供着读书，成为有文化的青年。

1950 年 7 月，18 岁的父亲应征入伍，进入广西公安干部学校学习，后来在广州、南昌、南京等地从军。1955 年 10 月，转业到地方工作，做过老师、公司职员，他做事一贯认真踏实。

父亲的叔叔，1929 年加入红军，参加过二万五千里长征，政治觉悟高，从来没有以权谋私给过父亲什么好处。叔侄俩关系很好，父亲也从来没有在叔公那里要求过什么。父亲一辈子随遇而安，工作之余最大的爱好是钓鱼和做木工。

童年的记忆里，每天晚饭后，父亲坐在家门前，用竹竿做鱼竿。他做的鱼竿很特别，用皮厚的大竹杆破开，用竹皮做成头部宽 1.5 厘米、厚 1 厘米左右，尾部渐渐尖细的杆，并且都是带有车机（竹片做成的叶轮，用来绕鱼线的）。每逢星期六，父亲会约上两三个钓友去附近的山塘、水库或河边

父母年轻时没有结婚照，也没有任何合影，结婚证上的这张照片是唯一的“合影”：母亲从广西百色师范学校毕业前一年留影，拍摄于 1957 年；父亲的退伍照，拍摄于 1955 年。

钓鱼，有时还会夜钓。那个时候生态好，鱼多，父亲每一次都有收获，在20世纪七八十年代，每周能吃一顿鱼，算是小康生活了。

除了钓鱼，父亲还喜欢做木工活儿。他给自己做了一个立式的单门衣柜，衣柜下面有一个隔层，隔层做得很隐蔽，一般人看不出来。父亲把他的证件、相片、徽章、笔记本等重要的东西放在隔层里面。他还做了两张懒人椅、两

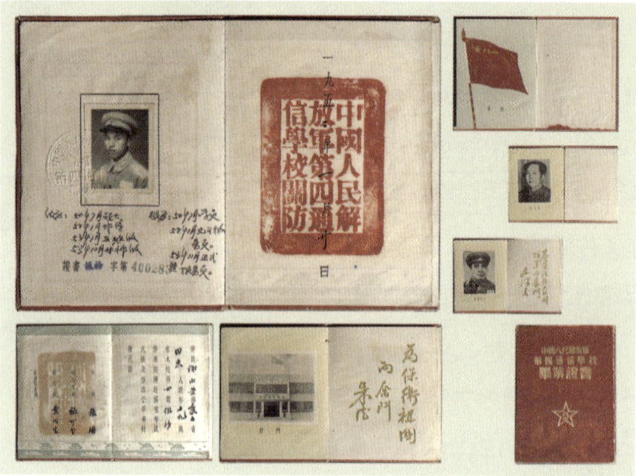

1952年1月，父亲参加中国人民解放军第四通信学校报务培训班学习的毕业证。

20世纪50年代，母亲初中时，班里9个女生的合影，母亲在后排右二。

张桌子和几把椅子，这些家具陪伴了我整个童年和青少年。

扛起生活的重担

母亲名叫潘瑞琼，生于1935年，她是个苦命人，刚出生就被送人。养外婆（我们当地外婆叫做阿杲）是国民党军官太太，物质生活虽然丰富但缺少温暖。养外公跟随大部队到台湾后，就和阿杲失去了联系，阿杲和妈妈成了孤儿寡母，生活陷于贫困。

1958年7月，母亲从广西百色师范学校毕业后，到小学当老师。在读师范学校期间，经人介绍，母亲与父亲认识，1957年步入婚姻殿堂。母亲结婚的时候，养外婆送给她一只皮箱，母亲珍藏一生。

20世纪60年代初期，老师是异常辛苦的。母亲背着哥哥在讲台上上课，乡村的课堂里是三个年级一起上课，上完一年级，布置作业后再上二年级、三年级，这在当时叫做复式教学。晚上，母亲用方言娓娓道来的《卖火柴的小女孩》，在我幼小的心灵里，播下了无数颗奇妙的种子。

学校的管理比较严格，母亲基本上全天候在学校里，没有个人的时间，老师的工资很低，父母都当老师的话，生活很难维持下去。

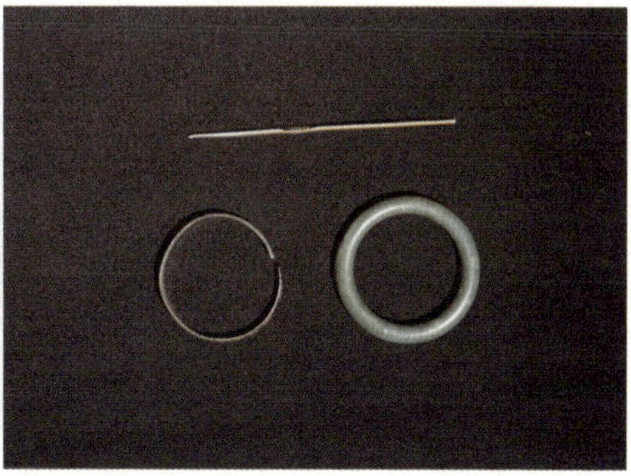

左图：1957年，母亲结婚的时候，养外婆送给她一只皮箱，母亲一直珍藏。
右图：母亲留下的手镯和钩针，一只银手镯，一只劣质玉手镯，却是母亲这一生中拥有的最贵重的首饰。

养外婆和她的朋友带着母亲（右一）合影，大约拍摄于 1936—1937 年之间。

父母与亲外公、大姨一家合影，那时的母亲瘦得不成人样。前排左起：母亲、父亲、亲外公、大姨父、大姨。后排左起：表弟、姑姑、姐姐、表姐、我、表哥、哥哥、表弟。

母亲最终选择退职，她买了一头黄牛，加入畜牧运输社拉牛车。比起教师生涯，运输社的这段日子，才是母亲最辛苦的岁月。为了家庭多一点收入，瘦弱的母亲像男人们一样干着最苦最累的体力活儿。每天凌晨四五点钟就起床，白天拉货晚上开会，每天耗在运输社十几个小时，即便这样辛苦，母亲也从不抱怨，因为运输社多劳多得，十天能结一次工钱，比当老师收入稍微高一些。

1974 年，父母为了我们有一个自己的家，在中山街糖烟酒公司旁边的一口池塘上，用自己的双手，动手挖地基建房子。为了筹款买材料，我们一家人两年没有吃过肉，没有添过新衣服。建房共投入资金 1500 元，当时，父亲每个月的工资 20 多元。母亲为了多挣钱，拼命拉货，那个时候的母亲，骨瘦如柴，脸上只有一层皮，双眼凹陷，失去了青春的风采。

1975 年 8 月 12 日，父母亲下了血本，举家到南宁去会母亲的亲生父亲和大姨一家。这是父母一生中唯一一次出远门玩儿。

和小鸟一起“南漂”

父母为了养育我们兄妹三人，加上建房子，借了不少钱，我们家经济一直不宽裕，直到他们退休，也没有太大的改善。

1992 年父亲退休后，为了挣钱修房子，从农村收购画眉鸟到广州和上海去卖。自己做鸟笼，一排有 10 个小笼子，可以放 10 只鸟。一担有 10 排，大约能装 100 只小鸟。

父亲坐朋友拉货的船去广州，从百色到广州要走一个星期时间。到广州后，父亲挑着一担小鸟去市场上卖，去市场需要经过人行天桥，挑着一担小鸟上人行天桥，需要休息两次才能上去。每次想到挑着小鸟走上天桥的父亲，我总是眼泪止不住地流。

时间如白驹过隙，父母离开已经十几年了，我经常想念他们。

父母的人生轨迹平淡无华，没有轰轰烈烈的爱情，也没有伟大的成就，

1982 年 8 月，母亲在田东县家中的留影，印象中，这是母亲精神状态最好的一年。

更没有值得骄傲的子女。围绕在父母身边的日子，所见皆是无言的爱与无尽的辛苦。

梦中，父母曾来过，沉默而坚强，温暖而柔软……我们的家，风儿轻轻吹过……

1963年12月21日，父母在孝义县（今孝义市）西泉镇镇政府办理结婚证，这是结婚证上的照片。

~25~

画出人间四月天

文并图 / 马晓萍

山西四合院老窑洞里，房顶青烟缭绕，一家人围坐在炕头上，母亲纳着鞋底，父亲在小桌上作画。火炉中，散发出烤红薯的香味，红薯裂开缝隙，发出“滋滋”的声音……这就是我记忆中小时候家的样子。

父亲的一生，从未放下过手中的笔，无论困顿不堪还是生活富足，一直笔墨芬芳。母亲有一双巧手，是20世纪50年代太原市缝纫厂出徒的好裁缝。

家，就像那个温暖的大火炉，陪伴我们度过割草、拾粪、捡麦穗的少年时光和考学的青春年华。

从抓壮丁到剧团美工

20 世纪 50 年代，父亲在太原文工团工作时留影。

我的父亲名叫马德升，1928 年 1 月 6 日，出生于山西省汾阳县（今汾阳市）三泉镇郭家庄。初小文化的父亲，15 岁时被国民党抓壮丁，参与宣传工作。

太原解放后，父亲先后在山西省第一文艺工作团、太原市文化馆、太原市电影经理部、太原市长风剧场工作。

父亲在长风剧场担任高级美工时，得益于他独创的大幅彩色广告，剧场电影票房销售倍增。梅兰芳剧团、渭南剧团来剧场演出，父亲曾接待演职人员。因工作出色，父亲被单位评为劳动模范，那真是父亲的高光时刻，每每回想起这一幕，父亲就会喜形于色，神采飞扬。

1959 年父亲在晋祠的留影

1958 年，全国肃反运动，父亲的工资由每月 68.5 元降到 27.4 元，被管制三年，留单位执行。家里生活实在难以维持，他夜间加班画布景，被严重警告。

1960 年，四清运动时，父亲被遣送回原籍劳动改造。第二年，8 岁的小女儿得痢疾，无钱治病，撒手人寰。前妻精神失常，加上肺病严重，也含恨而去，那时大哥才 10 岁。

面对凄惨的现实，奶奶照顾我大哥，父亲外出谋生。在山西省孝义县西泉镇，父亲遇到善良的理发店杜师傅，杜师傅腾出放粮食的半间房给父亲居

左上图：1959 年父亲的工作照
左下图：1959 年，父亲过生日，在太原市开明照相馆与王桐生舅舅合影。
右图：父亲用过的照相机

住，帮父亲落了户。

父亲开始走村串户，靠拍照片、划玻璃、画像、画神位、画家谱挣点小钱和米面，日子过得十分贫困。

父母相识于微时

我的外公王德美，1938 年参加革命，1939 年加入山西青年抗敌决死第 2 纵队，任便衣侦查员。1940 年 9 月，外公在对日寇反“扫荡”战斗中英勇牺牲，年仅 35 岁，尸骨消失在临县青凉寺乡的土地上。

左图：1956 年，母亲在太原市缝纫厂工作时期的照片。
右上图：1965 年秋，孝义县西泉镇，妈妈抱着 10 个月的我。
右下图：1964 年秋，父亲和三舅合影。

外婆侯清莲，1920 年出生。受外公的影响，外婆 18 岁就加入中国共产党，曾被狗子军捆绑逼供，也未叛变。抗战时期，外婆组织妇女们为八路军织布做鞋支援前线。

外公不知所终，遇天灾时，外婆不得不带着母亲和舅舅们去要饭。实在养活不了三个孩子，就将年幼的二舅送了人。新中国成立后，外婆带着子女找到部队，才知外公已牺牲。迫于生计，外婆带着母亲改嫁到西沟村赵家。在村里，外婆曾任村妇女队长、妇联主任，是有名的铁娘子。

母亲名叫王桂莲，1936 年 5 月 19 日出生于山西孝义县温泉镇孙圪垛村。由于很小就失去父亲，她从小懂事、任劳任怨。1955 年，母亲到太原市华兴茂缝纫厂参加工作。1962年，工厂压缩，回老家务农。和外婆一样，母亲也是18岁入党。1963年初，经朋友介绍，父母相识相爱。1963年12月21日，35岁的父亲和27岁的母亲，喜结连理。

我家属于外来人口，没有土地，没有集体工分，交不出副业款，大队不给分粮食。妈妈为了要粮食，流了不少辛酸泪。1966年，西泉镇清退外来人口，我们全家回到汾阳老家。

小时候听爸爸讲《武松打虎》《孙悟空三打白骨精》等故事，那是童年记忆中的光。有一段时间，父亲不能讲了，他的嘴肿得像石榴，上下门牙全掉光。

父亲的好友刘慧生叔叔，住在20公里外的水峪煤矿。他要给父亲一些粗粮，父亲骑车去取，晚上回来经过铁路边，火车进站，灯光刺眼，连车带人翻滚下铁道护坡。父亲爬上坡来，路过白璧关村，听到有戏曲演出，竟然看完戏才骑车回家。后来才发现，牙摔得如此之重，年纪轻轻的父亲只能与假牙相伴余生。

因为不怕累，能干活儿，母亲被推选为妇女队长、妇联主任，多次评为“劳动模范”“模范党员”。1975年春，家里要断粮，父亲游走邻村，画炕围子、做点小活儿，被村里治保主任得知，尾随抓捕，没收所得，五花大绑带回，锁在庙里反思检查。爸爸的行为被定为“投机倒把”，要被当作资本主义的尾巴割掉。

随后一连几天，父亲脖戴纸牌，游街示众，边敲锣边交代事情的经过。然而，倔强的父亲始终认为，靠劳动吃饭不丢人。

1998年冬天，母亲和外婆在外婆院子里合影。

1979 年，26 岁的大哥结婚，爷爷留下的唯一一间砖窑给他做了新房。家里卖掉唯一一袋经济作物花生，又借了外债，给他娶了媳妇，我们住进了大队批下的土窑洞。

父亲的手艺又派上了用场

1975 年，朋友结婚，大哥把父亲画的两幅玻璃画作为贺礼送人。三十多年后，这户人家把画卖给了汾阳城收古董的。2020 年夏，我辗转找到这位古董商，将画赎了回来。

1979 年，父亲提出申诉，要求纠正他的历史定性问题。1981 年 6 月，他再次走上申诉之路，经常一走就是一两个月。这一年秋收在望，母亲作为第

失而复得的玻璃画

左图：1981 年 12 月，母亲与徒弟合影，母亲在前排。
右图：母亲用过的裁剪教程

一大队妇女主任，带领妇女们鸡不叫就起床收粮食。粮食归仓后，大队以我家劳力不足，工分低，父亲交不上副业款为由，不予发粮，母亲气得病倒。

1981 年冬，为了生计，母亲回娘家收徒弟教裁缝，一人五元学费，学会为止，没钱的给米和面也可以。腊月三十晚上，母亲冒着风雪，带着米面和久违的笑容，一路跌跌撞撞回到家，从裤子口袋里掏出一沓钱兴奋地清点，她辛勤的劳动改善了我们的家庭生活。1982 年开始，实行农村土地包产到户责任制，父母不再担心没饭吃了。

经过四年半不断申诉，1984 年 10 月，父亲平反。他扯了一匹棕色的涤卡布和格子布交给母亲，母亲给全家做了新衣服，我们别提有多高兴了。

1985 年开始，改革开放，农民的日子一天天富裕起来，青年男女结婚条件标准提高，男方负责置办“三转一响四十八条腿”。父亲的手艺又派上了用场，领着初中毕业的弟弟一起刷油漆、绘画，干百家活儿，吃百家饭。

1986 年，油漆家具的活儿越来越多，村里年轻人开始向父亲学手艺，大哥也开始学油漆，一时间父亲忙得不亦乐乎。

1986 年 8 月一天下午，我和母亲正在土窑院子里晾晒小麦，邮递员给我

1986 年 7 月高考后，在村里，父亲给我们拍的纪念照。左图是姊妹仨，右图是母亲与大姐。

20 世纪 80 年代父亲将国画画在村民的家具上，这些家具至今还在使用。

寄来大学录取通知书，全家人沸腾了。母亲兴奋地流泪，父亲却陷入沉思。父母到处借钱，终于把学费筹够。

1988 年秋，我大学毕业走上了工作岗位，开始教学生涯，参加高考补习的妹妹也跟着我，家里的重担一下少了一半。1990 年，妹妹考上吕梁师专政史系，我们家成为村里的状元户，父母别提多舒心了。1993 年，妹妹大学毕业，父母再也不用发愁学费的事了。

离别，总是那么匆匆

1994年9月，妹妹在交城开始了教学工作。同年冬，母亲带着我一岁的女儿，伺候没有婆婆的妹妹坐月子，外婆年纪越来越大，母亲还要照顾外婆。

2000年开始，母亲身体越来越差，第二年查出结肠癌晚期。因治疗无效，这年冬天，辛劳一生的母亲与世长辞，享年65岁，父亲再次痛失爱妻。母亲是一名普通的党员干部，出殡那天，村支书代表全村党员和父老乡亲，为她举行了庄重的告别仪式，这是村里有史以来第一次举行追悼会。

母亲去世后，父亲种地、读报、给母亲写诗、教孩子们画画，用忙碌的生活来抵挡对母亲的思念。

2007年秋，因意外扭伤腰，父亲突然变成卧床不能自理的病人。不向命运低头的他，自学针灸、按摩，每天拉暖气管做拉伸运动，坚持不懈。第二年，竟然可以推着轮椅走路了，连医生都感觉不可思议。

2020年腊月二十九，父亲给孩子们写对联和福字。他说："这可能是我最后一次写毛笔字了。"2022年12月，父亲不幸新冠中招，由于医院床位紧张，一个多月后，才住进医院。2023年初，正当人们热热闹闹欢度春节时，95岁

父母生前没有晚年合影，这是我为父母后期合成的照片。

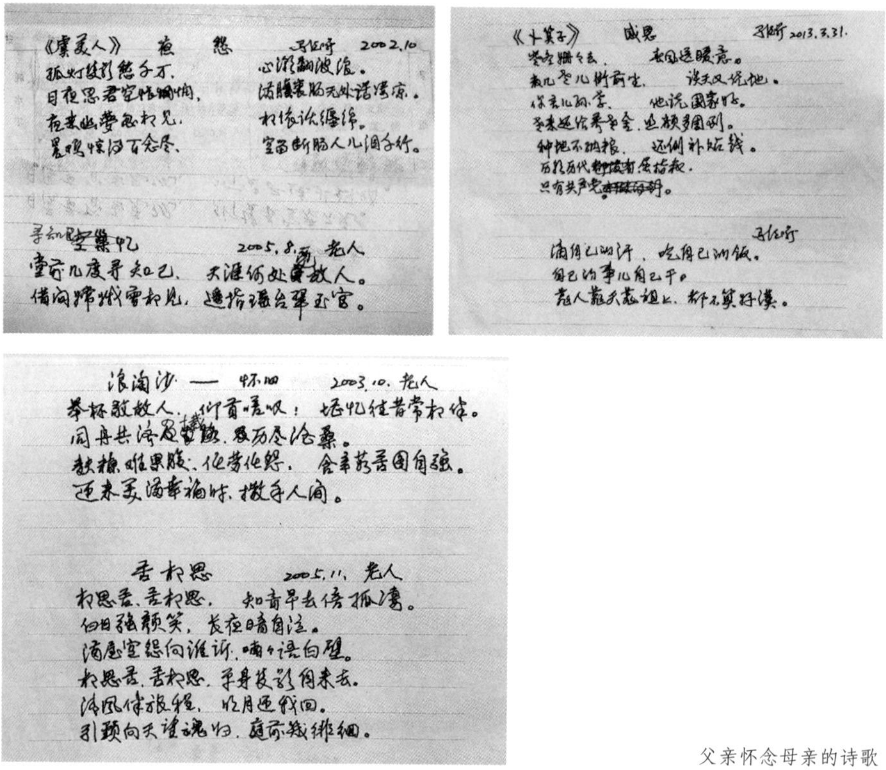

父亲怀念母亲的诗歌

的老父亲黯然离世。

又是一年立秋时，老院里的月季花如期开放，柿子依旧挂满树枝。

思念总是在夜深人静的时候，潮水般袭来。母亲为我们缝制的衣服放在衣柜里，父亲的字画透着淡淡的墨香，萦绕在我的身边。

父母走完了人世间短暂而漫长的一生，所有痛苦的、快乐的过往，都烟消云散，他们带往天国的，只有我们的爱；留给我们的，是关于温暖陪伴的记忆，是永不向命运服输的斗志。

后记

百姓家书 记录历史

社会的最小单位是什么？有人认为是个人，有人认为是家庭。

有人就有家，人是家的最小单位，无数个家庭有机结合，最终形成社会这个更大的组织结构。因为无数个家的存在，社会的变革和发展，才有了根基和意义。家庭不仅是社会的细胞，也是社会的缩影，是最重要、最基本、最核心的社会组织，同时，整个社会的经济、政治、文化等领域制约、渗透、影响各个家庭的存在和发展。

家庭的前途命运同国家和民族的前途命运紧密相连。中国目前有四亿多家庭，家事即国事，国运即家运，国运昌，家事兴。

正是基于以上家与社会关系的思考，泓竹文化工作室组织了25名来自全国各地的摄影师，对来自不同区域、不同行业的家庭的几十年的轨迹，用图片和文字进行有效整理和记录，最终以平实、全面、完整的视角，动情讲述25个中国家庭的故事。在讲故事的同时，以可读、温和、润物细无声的方式，对家庭这一最常见的社会现象进行深入研究，希望能对记录和研究当下的历史学、社会学、社会伦理学起到些许作用。

我们调查和记录的25个中国家庭，每个家庭的情况大体相同。中国式父母，父爱如山，母爱如海，大都温良淳朴，老实工作，踏实养家。父母除了给家庭成员提供衣食，还从精神上提供滋养。物质上，父母为家庭撑起一片天，精神上，父母给孩子生命和奋斗不息的力量源泉。仔细剖析每个家庭后，我们发现，每一个家庭又是如此不同，人人生而不同，境遇不同，资质和思维不同，最终，25个家庭，走出了不一样的、多姿多彩的家庭轨迹。

因为样本的多样化，采访记录的深入，我们有信心，这将是中国摄影史、中国家庭人文历史出版领域中的第一本大型家庭图文故事书，多元化、多角度、多地域记录历史，用图文方式书写中国老百姓家庭生活几十年的变迁和故事。

家和万事兴，家齐国安宁。爱家和爱国是高度和谐统一的，爱家是爱国的基础，家庭梦汇聚在一起，就是民族梦。中华民族伟大复兴的中国梦，正是来自我们千家万户的努力和奋斗。

本书策划人、“泓竹文化”创始人 郭婷婷